The Practice of Environmental Taxation in China

# 环境保护税与中国实践

罗 宏 陈 煌 杨占红 编著

中国环境出版集团 · 北京

**图书在版编目 (CIP) 数据**

环境保护税与中国实践 / 罗宏，陈煌，杨占红编著 . —北京：中国环境出版集团，2019. 5

ISBN 978-7-5111-4005-0

Ⅰ. ①环… Ⅱ. ①罗… ②陈… ③杨… Ⅲ. ①环境税—税法—研究—中国 Ⅳ. ① D922.229.4

中国版本图书馆 CIP 数据核字（2019）第 115534 号

**出 版 人** 武德凯
**责任编辑** 田 怡
**责任校对** 任 丽
**封面设计** 宋 瑞

---

**出版发行** 中国环境出版集团
（100062 北京市东城区广渠门内大街 16 号）
网 址：http: //www.cesp.com.cn
电子邮箱：bjg1@cesp.com.cn
联系电话：010-67112765（编辑管理部）
发行热线：010-67125803 010-67113405（传真）
**印 刷** 北京建宏印刷有限公司
**经 销** 各地新华书店
**版 次** 2019 年 5 月第 1 版
**印 次** 2019 年 5 月第 1 次印刷
**开 本** 787 × 960 1/16
**印 张** 10.25
**字 数** 146 千字
**定 价** 35.00 元

---

# 目　录

# 第一章　绪　论

因环境问题的增加和人们的关注度增强，税收绿化成为一种国际趋势，开征环境保护税也是实现我国社会、经济、环境协调发展的需要。自英国经济学家阿尔弗雷德·马歇尔提出外部经济以来，环境保护税从理论研究逐渐走向具体实践。应充分利用市场环境，将基础配套设施进一步完善，将保护环境的义务与市场经济主体经济利益联系起来，积极有效地发挥税收的调控作用，完善环境税收保护体系，发挥其对环境行为的调节功能，从而解决中国现阶段突出环境问题。

## 第一节　环境保护税的起源与发展

1890 年，英国经济学家阿尔弗雷德·马歇尔（Alfred Marshall，1842—1924）在发表的《经济学原理》（Principles of Economics）中分析个别厂商和行业经济运行时，首创了外部经济和内部经济这一对概念[1]。1920 年，其学生阿瑟·塞西尔·庇古（Arthur Cecil Pigou，1877—1959）出版著作《福利经济学》（The Economics of Welfare），发展了其导师马歇尔的外部性理论，首次用现代经济学的方法从福利经济学的角度系统地研究了外部性问题，在马歇尔提出的“外部经济”概念基础上扩充了“外部不经济”的概念和内容。庇古认为，由于边际私人纯产值和边际社会纯产值的差异，新古典经济学中认为完全依靠市场机制可以形成资源的最优配置从而实现帕累托最优是不可能的。在现实世界中，私人边际成本和私人边际收益并非任何时候都等于社会边际成本和社会边际收益。庇古用灯塔、交通、污染等例子来说明经济活动中经常存在的对第三者的经济影响，即外部性。因此，要依靠政府征税或补贴来解决经济活动中广泛存在的外部性问题。这种政策建议后来被称为“庇古税”，即环境税的前身[2]。然而，庇古税只能作为一种理想的工具，其本身在实践中不能作为一种政策。为了将庇古的税收思想运用到环境保护的实践中去，庇古以后的不少经济学家从不同的角度进行了研究和探讨。1971 年，保莫（Baumol）和欧姿（Oatas）在继承庇古税收思想的基础上，提出了标准收费法。他们分析了实践中庇古税在设计和计算上的难度后，提出了一种能使外部性内部化的替代方法[3]。1979 年巴罗（Burrows）提出了逐步控制法。他在其著作中指出，在不完全的或者极差的信息条件下，政府为达到社会最优可以通过逐步控制法（一步一步地改进）。在这种意义上，对太高的或者太低的庇古税可以进行不断调整，直到找到最优的税率[4]。1983 年，布雷萨（Bersers）通过对荷兰向排污企业征收环境保护税这一政策十几年来的效果进行了回归分析，得出征税有利于改善环境的结论[5]。庇古及其后的经济学家的建议以及此后对这些建议的改进性研究等，为将税收用于环境保护的目的提供了重要的思想来源。环境税应用于国家具体环境保护实践的发展历程大体经历了三个阶段：

## 一、20 世纪 50 年代初至 70 年代末——萌芽阶段

20 世纪 50 年代后，许多工业化国家的环境污染问题开始恶化，不少发达国家除了采取占据主导地位的命令控制型手段外，还把少数的税收作为保护自然环境和维护生态平衡的重要政策措施，将其作为命令控制型手段的“点缀”。这一时期，环境税仅在能源领域得以发展，仅有少数税收涉及污染防治领域[6]。发展的特点是针对出现的各种环境问题，零散地、个别地采用一些环境污染税措施。1957 年，瑞典开始实施一般能源税，通

过对石油、煤炭和天然气征税来控制污染物的排放。1972 年 OECD 国家提出了著名的“污染者付费原则”(Polluter Pays Principle，简称 PPP)，要求污染者必须承担污染行为导致的环境成本。其初衷是通过协调成员国的政策，避免国际贸易竞争力的扭曲，防止单个国家因环保成本过高削减国际竞争力[7]。这一原则给环境税的征收提供了更合理、有力的理论解释。同年，美国率先按照排放量征收二氧化硫税，英国开征二氧化碳税。1978 年丹麦引入电能税和轻重油税，并在 1979 年开始对罐装气征税[8]。这一阶段，环境税主要体现为补偿成本的收费，要求排污者承担监控排污行为的成本，隶属于传统的财产税、资源税等制度之中，环境保护的理念意蕴并不明显和强烈，这是环境税的雏形，并没有形成真正的、独立的环境税法律制度。

## 二、20 世纪 80 年代至 90 年代初——形成发展阶段

在此期间，传统税收法律制度在环境危机的冲击下面临着重大调整，同时环境税手段相对于传统命令控制型管制手段的优势也开始充分显现，大量的环境税收措施以及一些全新的环境税种相继被采用和引入，环境税的征收范围不断扩大，如排污税、产品税、能源税、碳税等纷纷出现，对命令控制型手段产生了较好的“修正”作用。环境税从零星尝试进入一个大规模快速发展的时期，这时的各种排污税主要是用于引导人们的行为方式，而各种能源税则主要用于增加财政收入。20 世纪 80 年代初期，OECD 国家开始绿化其税制，调整或取消对环境有负面效应的扭曲性税收条款和补贴并开征了新的绿色税。法国 1985 年开征二氧化硫税，1990 年开始对工业排放的 $NO_x$、HCl 以及其他挥发性有机化合物（VOCs）征税[9]。丹麦在 1982 年开始对一次性餐具征税，1986 年开始对含铅汽油和无铅汽油实行差别税率，1987 年对家庭和工业垃圾征收垃圾税[10]。挪威在 1986 年开始对含铅汽油和无铅汽油实行有差别的基本税，于 1991 年 1 月 1 日施行二氧化碳税[11]。联邦德国则在 1981 年开征水污染税。进入

20 世纪 90 年代后，北欧国家率先开始了以“全面绿化税制”为标志的环境税制改革尝试[6]。为开展这一改革运动，瑞典、挪威、丹麦、荷兰以及比利时等这些北欧国家分别成立了环境税委员会，来具体负责推动和开展相关工作。以挪威为例，挪威于 1990 年成立了环境税委员会，该委员会在 1992 年就提出了一个把环境政策与经济政策等更为广泛的政策相结合的综合计划，计划中引入了大量的环境税费制度措施，由此拉开了环境税制改革运动的序幕[8]。

这一阶段，OECD 国家开始对税法进行系统改革和调整，真正意义上的环境税开始大量出现，环境税法律制度正式形成并进一步完善，而且其独立于传统税收制度而存在。尤其是一些北欧国家中开始进行的绿色税制改革运动，使得环境税经过快速发展后逐步形成了一个范围广泛、具备一定规模的税收体系。应当说，这一阶段才是环境税法律制度的正式形成阶段[8]。

## 三、20 世纪 90 年代中期至今——成熟完善阶段

随着人们对环保认识的提高，环保措施开始从注重“末端治理”转向“全程防治”。与此相适应，以欧盟为代表的西方经济发达国家，开始从不同的角度设计开征有利于资源节约和环境保护的税种，主要体现在 20 世纪 90 年代出现了一大批资源税和环境税。不仅开征相关的资源税和环境税的国家越来越多，就单个国家来说，资源和环境税也呈现出体系化发展的态势。资源税开征的范围越来越广，逐步覆盖矿产资源、生物资源、水资源等各种自然资源；越来越多的污染行为（包括空气污染、固体垃圾污染、水污染和噪声污染等）和环境有害型产品（包括污染型产品和资源消耗型产品，如农药、化肥、包装物、轮胎、电池、各种电子产品和一次性消费税等）开始纳入环境税征收范围，资源和环境税已基本覆盖资源开采、产品消费和排污行为三大环节[12]。环境税作为强有力的经济激励手段，与命令控制型手段并行。1992 年 6 月通过的联合国《里约环境与发展宣言》也要求各国政府加强财政以及经济政策的补充性作用，把环境费用纳入生产者和消费者的决策过程。在欧盟层面上，从 1992 年起就提出了在欧盟成员国统一征收二氧化

碳和能源矿物税的法案，拟征税的范围包括汽油、柴油、核能、电能等[13]。在经合组织层面，其环境政策委员会和财务委员会共同建立了“税收与环境联席会议”，不断呼吁“要考察在不增加管理复杂性的情况下，通过采用环境税实现社会经济和环境目标的可能性”[11]。在其推动下，所有的经合组织国家都在不同程度上引入了环境税[14]。英国1996年10月开始征收“土地回填税”，并于2001年4月1日起开征气候变化税；比利时1993年通过的“生态税法”中规定了一系列生态税，这些税适用于多种产品如饮料包装、可处理剃刀和照相机及有选择的一些工业包装、农药、纸及电池[15]，建构起颇具规模的环境税收体系。在瑞士，除了传统的能源税外，1998年7月1日对超轻供暖油征税，1999年1月1日对挥发性有机化合物征税，税收收入全部以降低医疗保险费的方式返还家庭；北欧诸国在20世纪90年代初期进行的全面、系统的环境税制改革，比如对化肥和农药（杀虫剂）进行征税，取得了良好的效果，对尚未全面进行环境税制改革的成员国起到了一定的借鉴作用。随后，德国于1999年、澳大利亚于2000年开始了环境税制改革，瑞士的绿色税制改革则于2001年全面实行。俄罗斯、巴西和新加坡等越来越多的国家也都先后开始了程度不同但方向一致的环境税制改革立法运动，环境税法律制度日趋成熟和完善[16]，逐渐发展成为一个规模庞大的税收体系，并演变为一项全球性的制度选择。

## 第二节　引入环境保护税的必要性

### 一、环境税费制度改革趋势

#### （一）清费改税的总趋势

在现有阶段，随着我国向市场经济的转变和多种经济主体的发展，基于市场机制的税收或收费等经济杠杆成为我国环境管理的重要手段，同时国家税收制度正在实施清费改税的改革。中国长期以来的环境管理是以命令控制型手段（行政手段和法律手段）为主，强制企业执行环境标准、控制污染，对违反者实施行政处罚。这种手段对环境保护发挥了重要作用，但单靠法律和行政干预不能完全解决环境污染问题。此外，“十二五”全国环保投入资金比“十一五”的投入至少增加 1.5 倍。这些投入大多以国债资金、世界银行贷款等形式筹集，仅靠现行环境税费是不可能完成的，所以必须拓展新的稳定的资金来源。随着我国社会主义市场经济的建立和完善以及三十多年来中国复合税制的不断发展，经济杠杆发挥更大作用的趋势已经形成和不可逆转，中国开征环境税的经济条件和税制条件已经具备，政府出台的相关文件也多次指出开征环境税是未来税制的改革方向之一。

### （二）环境税收体系不健全

从构建完善环境税制的角度看，中国环境税制的改革应包括开征环境税和增强现有税种的绿化程度两个方面。我国环境相关的税种在设计之初对生态环境保护考虑得不够充分，缺乏顶层设计，存在系统性和前瞻性不够、税收调节面过窄、调节能力不够、调节手段单一等问题，也无法形成稳定的、专门治理生态环境的税收收入来源。

首先，我国现行的环境税收体系缺乏系统性。一方面，没有设立独立的环境税种，缺少针对污染、破坏环境的行为或产品课征的专门性税种，这意味着生态环保、直接矫正污染环境行为的主体税种缺位。另一方面，我国环境税收主要分散在某些税种中，尚未形成绿色税制体系，难以形成整体效应，弱化了税收在环保方面的作用。由于受各方面因素的制约，现行税制只是在鼓励利用资源和发展环保等方面有些单项规定，考虑环境因素比较少，没有起到调节环境行为、保护环境的作用。

其次，税收的环境保护与其他职能分工失衡。将环保功能加之于非专门环境税之上，这种税制设计运行的结果易导致各税种主要职能弱化，进而引发税收职能分工失衡。例如，车船税本质上是一种财产税，其主要功能是调节收入分配。而我国最新车船税制设计中车辆按照排量设计税率，突出其环保功能。那么大排量轿车价格可能低于小排量车价格却承担较重的税负，或者同一排量轿车有时价格差异较大却承担相同的税负，这显然有失公平。因此不能因为要突出环保功能而使车船税背离应有的收入分配调控功能。

最后，对环境具有负效应的税收规定仍然存在。现有税制中还存在一些对环境具有负效应的税收规定，有些甚至反而促进了污染企业的发展。例如，现行税收制度基本没有涉及制约散滥开发资源、无偿占有、随意浪费资源以及推进循环经济建设方面的制度规定。

## 二、排污收费及存在的问题

### （一）排污收费简介

收费是指政府及其有关部门在特定范围内调节特定经济行为或向社会提供特定物品或服务而收取的成本补偿费或报酬[1]。收费根据形式和内容的不同，通常又分为规费（Fee）和使用费（User Charge）两种。规费系政府部门对公民个人提供特定服务或实施特定管理所收取的工本费和手续费，使用费系政府对公共设施的使用者按一定标准收取的费用[1]。排污收费制度是国家为了筹集治理环境污染的资金，根据环境保护的相关法律和规定，按照一定的收费标准，对向环境排放污染物或者排放污染物超过法定排放标准的排污者征收排污费用的制度[17]，属于使用费。排污收费制度规定了关于排污收费的对象、范围、标准以及排污费的征收、管理、使用和罚则等内容。这项制度体现了“污染者付费”原则，虽然要求排污者以缴纳排污费的形式承担对社会的环境污染责任，但其根本目的是影响排污者的经营决策，排污者通过加强管理、节约和综合利用资源，减少污染物的排放，从而在环境问题的源头上治理污染，全面改善整体环境[18]。

排污费主要依靠基层环保部门工作人员上门向环境排放污染物的单位和个体工商户收取，按照现行法律条文中规定，排污费征收的污染种类主要有污水、废气、固体废物、危险废物、噪声超标等。排污费征收制度规定排污费收支两条线，征收以后需要上缴财政，但排污费只用于环境污染的治理，不可以作为其他用处[19]。

现阶段，我国排污费的征收主要经过以下的步骤程序：①向有关部门申报排污许可；②相关部门对许可进行审核；③核实排污量并进行电子登记；④按照收费标准计算收费额；⑤相关部门上门征收、企业现场缴纳，具体流程如图 1-1 所示[20]。

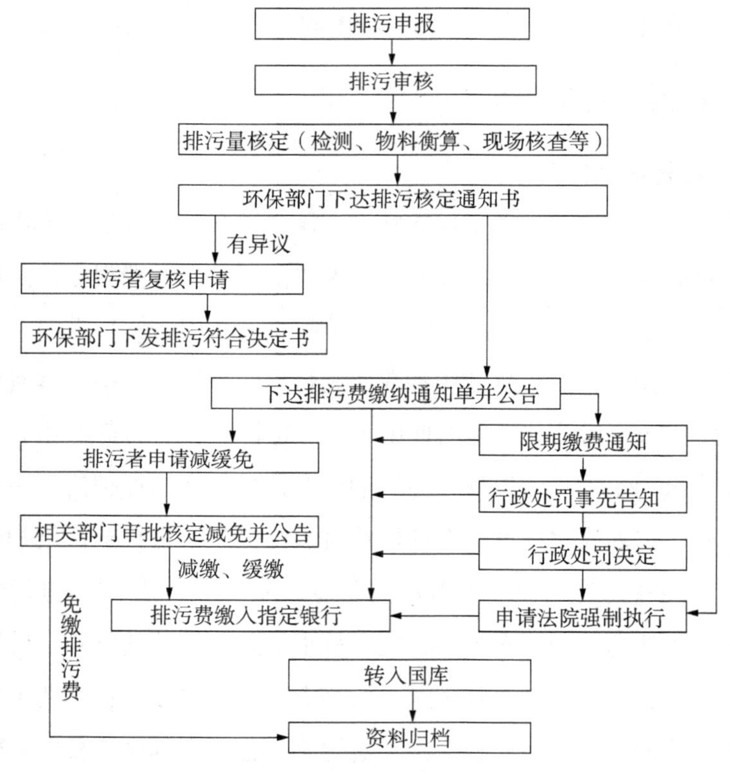


图 1-1　一般情况下征收排污费的流程

## （二）排污收费存在的问题

排污收费制度在我国实施了30余年，对于提高全民环境保护意识、筹集污染治理资金、促进企业污染治理和污染控制治理技术的进步、加强环境保护队伍的自身建设、强化环境执法、推动环境保护工作的全面开展都发挥了十分重要的作用。然而，随着经济社会的高速发展，环境保护事业的不断深入，人们环境意识的提高，现行的排污收费制度遇到了新问题、新情况，越来越不适应当前形势的发展，在实践中暴露出了许多不足。

1. 相关环保法律依据不适应当前实际

（1）与单行法及法规不一致。《中华人民共和国环境保护法》（以下简称《环境保护法》）中一些规定与现有的单行法及法规有冲突，明显滞后，不适应当前的社会发展，有些规定已经被单行法及法规中的新规定所取代。《排污费征收使用管理条例》（以下简称《条例》）的制定是为了加强对排污费征收、使用的管理，但在排污费的征收范围、违反征收规定的处罚及法律责任等方面的规定与其他环境法存在法律冲突。对法律法规最为重要的一点要求是其不但应与社会经济发展相适应，也应与环境保护法律法规的规定相一致。由于《条例》是环境法中的部门法，其效力等级相对较弱，如在法律实践中出现法律冲突，其如何适用也成为问题[18]。例如，《环境保护法》明确的排污费征收主体是排放污染物的企事业单位，而2003年发布的《条例》，排污费征收的主体扩大为排放污染物的企事业单位和个体工商户。《环境保护法》没有考虑庞大的个体工商户群体排放污染物对环境造成的影响，在“污染者负担”原则面前，显得有失公平。排污收费标准也不一致，《环境保护法》规定的是超标准排污才收排污费，而《大气污染防治法》中明确规定了排污即收费，超标准排污将予以处罚。《环境保护法》因没有明确违法界限，无法达到严格限制排污行为的效力[21]。

（2）处罚力度低，缺乏震慑力。纵观我国与排污收费制度有关的法律法规，主要处罚手段就是限期整改、罚款或责令停产停业，没有拘留、没收等强有力的手段，缺乏震慑力。由于环境污染“守法成本高，违法成本低”，企业为追求利润最大化，宁可缴纳排污费或罚款，也不愿意在防治污染方面投资，造成排污收费并没有达到促进企业治理污染的效果。例如，2004 年沱江特大水污染事件造成损失上亿元，但依据环保法律最高上限，只对其处罚了 100 万元，损失之大与处罚之轻极不对称[21]。此外，从征收视角来看，排污费虽然也是强制征收，但是由于环保部门征收依据大多是地方政府部门规章，法律位阶较低，而且缺乏如税务机关纳税检查、稽查权利与专业化征收队伍，使排污费征收的强制性、权威性以及征收管理能力均受到极大限制，导致各地存在排污费不能足额征收的现象屡见不鲜。而且有些地方政府为了招商引资甚至将“减免排污费”或“划定无费区”作为优惠政策推出，在一定程度上削弱了排污费应有的环保作用。

2. 排污收费设计不合理

（1）纳税主体不全。目前我国缴纳排污费的主体并没有包括个人，而是仅限于排污的单位和个体工商户。个人的排污相较于企业和个体工商户的排污单位量较小，但是由于个人的数量远远大于排污企业和个体工商户的数量，所以个人的排污总量同样也不容小觑[18]。此外，对污染物排放中占相当比例的第三产业以及社会公共福利事业单位向环境的排污，也未全面做出收费规定。

（2）收费对象范围窄。当前，我国排污费的征收对象仅限于部分污染项目，包括废水、废气、固体污染物、噪声四大类 113 项，对汽车、摩托车、飞机、船舶和城市流动摊点等流动污染源暂不征收废气、噪声等污染费，农药、化肥、氟利昂等与环境密切相关的产品收费制度标准尚未建立；在污水和废气的排污费征收计算中，虽然是多因子叠加收费，但又规定最多不能超过三个因子。而实际上，任何向空气中排放的污染物都需要相应的费用来治理。因此，对这些需要治理却不收费的项目置之不理，使得法律制度的制定与现实社会不能完全接轨。当前我国只是单纯地实施超标排污费用的收取，并不是对于超出合理范围的污染作为处罚性的部分来加以收取。在这种制度和规定下，污染物排放者就可以在一定程度上无偿利用自然环境的自净能力，也在客观上造成了工业园区这样的区域性工厂聚集的空气污染物含量严重超标。从侧面看，还没有深入体现“污染者负担”的原则[20]。

（3）收费标准偏低且无差异。排污收费制度是通过收费行为达到控制和减少污染排放的目的，收费标准就成为排污收费制度能否很好运行的关键杠杆。现行的排污收费标准是2003年制定的，它首先是根据当时的物价水平，通过对污染治理设施运行所需的固定资产折旧、管理、维修、能耗、物耗、人工等费用的核算，确定出污水和废气污染治理成本分别为1.4元/污染当量和1.2元/污染当量。按照排污费略高于污染治理成本原则，考虑到当时我国经济社会发展水平及排污者的承受能力，最后确定污水和废气的排污费收费标准为污染治理成本的一半，即污水排污费的收费标准是0.7元/污染当量，废气排污费的收费标准是0.6元/污染当量[19]。自《条例》颁布的2003年至今，中国的通货膨胀率保持在2%左右，GDP增长率保持在9.5%左右，法律规定的国内排污收费标准相对时代的快速发展已经落后，价格标准偏低，污染物的治理成本费用已经大大超过了所收取的排污费。在价格反映价值的市场上，这种低标准的价格并没有对逐渐稀缺的环境资源做出反映，更没有与治理成本相挂钩，成了象征性的收费。相关部门推算得出，当前的收费标准仅仅是治理成本的50%左右，甚至在个别项目上不足10%。例如，目前国内二氧化硫排放量收费标准为0.63元/kg，而火电厂烟气脱硫平均治理成本达到了4～6元/kg，治理成本是收费的6～10倍。这样的收费体系和收费标准，直接导致以利润最大化为目的的企业单位从自身的利益出发，直接放弃自我治理、自我净化，转而去缴纳更低价的超标排污费，从而造成了企业违法成本低于守法成本、“坏名声好收益”等现象。因此，低标准的排污费使得制度的实施结果与设计初衷相背离，造成了架空制度的现象，进而加剧了环境问题[18]。

此外，中国排污收费制度的费率由中央政府机关规定，全国执行同样的费率标准，由于不同的地区对于排污企业行为的外部性损害的评价不同，执行相同费率不仅没有办法将外部性的损害落实到具体的排污企业身上，甚至没有办法体现出地方之间的费率差异。

（4）排污费核定计算难度大。对排污者的排污行为收费，需要量化排污者的行为对社会造成的外部性损害，依据外部性的大小制定收费标准。排污费的核定方法有在线自动监控、采样监测和物料衡算三种，但三种排污量核定方法都存在一定的缺陷。理论上讲，自动监控仪器的监测数据是最科学、最准确的，但是由于法律法规并没有强制企业安装自动监控仪器，再加上我国现在的自动监控技术还不够成熟、多数排污企业没有安装监控仪器，或者一些安装了的企业也只是为了应付环保部门的检查，时常停用或不用，造成实际的排污数据难以从自动监控仪器中获取。对于大企业单位或有单独排污口的单位或个体工商户，采取的采样监测方法存在瞬时性、片面性的制约，提供的数据与实际排放数据也可能会有差别，致使排污量核定和实际情况产生差别。对不具备监测条件的情况，使用的是物料衡算法进行核定，物料衡算的基本原理是物质守恒定律，这种测算方法需要收集大量相关资料，如原材料的购买与使用情况、燃料的购买与使用情况、水的购买、使用和排放情况、生产工艺、生产设备、处理设施、排放方式等，再加上我国目前对物料衡算法缺乏统一的标准和依据，致使该方法得到的数据不够准确[21]。因此，在实践操作中，排污费数值的确定存在较大困难，对排污者的排放数据进行有效监测的执行成本很高。另外，数据的获得很大程度上依靠相关监测部门的工作，而排污者时常质疑监测部门所获得的数据。

3. 排污收费程序的规范性不够

排污收费程序包括排污申报、排污审核、排污费核定、排污费征收和排污费使用等步骤，排污费程序的规范化是决定排污收费依法、全面、足额征收的先决条件，但在实际工作中，暴露出了很多不规范的问题[21]。

（1）排污申报审核规范性不够。按照现行的排污收费征收程序，排污费征收额测算的基础是排污者申报和环保部门核定。目前，由于各地市基层环保部门普遍存在人员编制少、执法任务重的现象，再加上企业分布零散且数量较大，中小企业经营权转换频繁和管理人员流动性大，监测仪器不统一等问题，使得基础数据审核难度大，所以测算排污费的基础数据仍然主要依靠企业自报。在经济利益的驱使下，申报数据的可靠性、准确性和真实性均存在问题。比如一些排污者为了“能少缴就少缴，能不缴就不缴”，故意少报、瞒报、谎报污染物的实际排放量和排放种类；还有个别排污者怀着侥幸心理，不向环保部门申报排污情况，逃避缴纳排污费[21]。

（2）排污费的征收缴纳规范性不够。2003 年 7 月国务院新颁布的《条例》出台后，虽然在征管上也设计了类似于税收征管的制度，但由于排污费不可能完全具备税收特有的强制性、无偿性和固定性，缺乏强有力的征管法规保障，因而在执行中存在权威性不高和强制性不够的问题，此外，对污染源排放的监测不力，主要是因为我国一些地区的监测设备比较落后，环境执法人员的整体素质水平不高、执法不严、征收随意性强、管理工作薄弱以及“协商收费”、“人情收费”情况尚有存在，通过行政干预列出的许多“重点保护项目”。常常发生缴费单位与环保部门“协商收费”、排污费随意拖欠的现象，阻碍环保部门足额征收排污费。

协议收费现象普遍存在也说明制度设计存在严重缺陷。协议收费的两种主要形式：一种是“排污量有明显变化（主要是增加），而缴纳的排污费却固定不变”，这种情况的样本占总体的 36%；另一种是排污的企业在被调查年份中的交纳排污费为 0，即排污费完全豁免，这种情形约占 35%，二者总共约占 70%。另外，某些企业在政府按照既定标准核定收费额之后仍然会讨价还价，而地方政府某些情况下也会适当让步，这也是协议收费的一种形式，不过无法进行数据统计。协议收费使企业缴纳的费用与排污量脱离，中断了现行排污收费政策发挥作用的途径。由于排污收费政策的变化和全国减排工作的开展，大型企业和部分重污染行业迫于环境管理的压力，将大量资金主要先投入到污染治理上，前期资金周转紧张，无法按时缴纳排污费，减排成效出来后，污染物负荷减少，排污费核定后相应减少，排污单位以经济效益差、资金紧张为借口，拖缴、拒交排污费，给追缴以前排污费工作带来了一定的难度[21]。

（3）排污费使用规范性不够 。环境税本身只能起到减少或抑制污染或生态破坏的作用，但无法根治环境问题，所以环境税筹集的收入应专门用于解决环境问题。《条例》第 18 条规定排污费必须纳入财政预算，列入环境护专项资金进行管理，主要用于重点污染源防治、区域性污染防治、污染防治新技术、新工艺的开发、示范和应用及国务院规定的其他污染防治项目的拨款补助或贷款贴息[21]。现行排污费资金由各级政府环境保护部门用行政办法管理，其弊端是资金使用的不合理和低效益。环保机构一般都没有熟悉财政金融的人员，在排污费资金使用方面通常采取简单的拨款方式，缺乏后续跟踪监督措施，造成排污费资金不能专款专用于污染治理[22]，部分地区仍存在截留、挪用、挤占排污费，用作自身建设、人员经费、办公经费等现象。同时，这种行政管理体制不可避免地受到地方政府有关部门的行政干预，挤占 、挪用 、拖欠排污费资金的现象常常发生。

此外，在 1988 年之前，我国的排污费资金多半是以无偿补助的形式返回给排污单位治理污染源，这是一种自相矛盾的政策。虽然 1988 年以后进行了一些改革，开始实行排污费资金有偿使用，但并没有真正体现“污染者负担”原则，具体表现为依然只是部分有偿使用而并未改为全部有偿使用；过低的贷款利率影响了资金的积累和回收；“豁免”贷款本金优惠政策依然保留，变相地又从有偿使用变为无偿使用[22]。显然，这同市场经济规律是相违背的，其结果只能是排污费资金使用混乱和效益低下，从支出视角来看，排污费的征收者、管理者与分配者一体化不合理征收机制，使排污费挪用问题不可能得到根本解决，不能充分发挥排污收费应有的控制污染、保护环境的作用[22]。

4. 排污收费制度的认识不够

排污费征收的最终目的是促进排污者加强经营管理，节约和综合利用资源，治理污染，改善环境，落脚点是改善环境，而不是收费。然而，在实际执行中，由于地方政府更多考虑的是当地的经济繁荣和发展速度，而忽视了企业、经济和环境的可持续发展。很多排污者对我国的排污收费制度认识不足，认为排污征收是为了给国家筹集资金，为收费而收费，为罚款而罚款，是政府强制增加的税收，产生了十分严重的抵触心理，表现为不配合环保部门依法征收排污费，“讨价还价”、拒缴、拖缴排污费现象时有发生；还有的排污者单纯的认为自己所缴纳的排污费就是其对损害环境行为的经济性补偿，只要缴纳了费用，就表示自己的排污行为合法了、合理了，就能够肆意利用环境资源，向环境中排放污染物。另外，当排污者只有两种选择时：一是按照排污收费制度的标准缴纳排污费；二是投入大量的资金引进先进的技术或者购买环保设备来治理污染，他们会通过提高产品的售价将费用转嫁到消费者或者合作商的身上，最终承担这笔费用的人是消费者。消费者不仅要受到环境污染带来的身体上的伤害，而且还要为排污者买单，遭受经济上的损害。这也违背了排污收费制度的基本原则和目的[17]。这些对排污费制度的错误认识，都不利于我国排污收费制度的发展，致使排污收费的真正目的不能很好地被理解与完成[21]。

## 三、环境保护税引入的可行性

针对我国的环境状况和现行税制中有关环境保护税收措施存在的不

足，同时借鉴国外的经验，在进一步完善现行具有环保功能的税收措施的基础上，应尽快研究开征环境保护税，使其作为环境税收制度的主体税种，构建起一套科学、完整的环境税收制度体系，成为越来越多的专家学者的共识。随着中国经济制度的转型与社会经济的发展，以及与税收政策相关的法律基础、社会条件的成熟，在充分考虑民众的承受能力的基础上，建立我国的环境保护税制的条件也日益成熟[23]。

### （一）市场体系基本完备

我国二十多年的经济体制改革的过程就是市场机制在经济活动中的调节作用不断扩展和不断加强的过程，而完备的市场体系是环境税能够有效发挥作用的先决条件。原因就在于完备的市场体系使得价格信号对自主经营、自负盈亏的企业具有越来越充分的刺激作用，在不断完善的市场经济体系中，环境税收手段的行为激励作用就越有可能发挥作用[23]。从宏观经济发展来看，我国在加强和改善宏观调控，保持宏观政策的基本取向，把握好政策实施的力度、节奏、重点等方面所采取的积极稳健的宏观经济政策取得了显著成效，提高了经济发展的稳定性、协调性、可持续性。尤其在全球金融危机的背景下，我国采取了一揽子刺激计划，使中国经济增速呈现“V”形反转之势，为今后的经济增长奠定了基础，为环境保护税的开征提供了宽松的经济条件[24]。从经济个体发展的角度来看，随着我国市场经济制度的逐步完善，经济成分已趋向多元化，各种所有制经济都得到了快速发展。国有企业的所有权与经营权以及环境资源的所有权与使用权正在逐步分离，政府对企业的行政干预和控制强度也正在减弱。尤其是企业产权制度的改革，转换企业经营机制，建立现代企业制度，在政府的宏观调控下发挥市场机制在环境资源配置中的中介作用得到重视和较快发展。自党的十七大报告中明确提出了“建设生态文明，基本形成节约能源资源和保护生态环境的产业结构、增长方式、消费模式”以来国家产业结构政策调整的导向作用在经济领域得到体现，所以企业已经有足够的经济实力和意愿购买先进的环保设备和先进环保技术，采用更加经济高效的生产工艺，积极进行工艺流程改良和改造，逐步淘汰落后的产能和工艺，这就为开征环境保护税提供了现实的经济基础和基本前提[24]。

### （二）环境保护法律日趋完善

我国现有大部分资源与环境法律和政策随着市场经济体制的逐步完善，把环境资源的有偿使用及其相关的经济政策已经纳入法制化轨道。改革开放四十年来，我国陆续出台和制定了一系列鼓励保护环境和资源、防止和治理污染的调控措施，环境保护法律体系中立法和执法的机构和程序基本建立，如环境保护法、水污染防治法、大气污染防治法、固体废物污染环境防治法等的颁布或修订，为我国开征环境保护税提供了良好的法律基础。1994 年我国开始实施分税制财政体制改革以来，对税收制度、征管制度以及税务机构进行了一系列的改革，尤其从 2004 年开始，按照“简税制、宽税基、低税率、严征管”的原则，围绕统一税法、公平税负、规范政府分配方式、促进税收与经济协调增长、提高税收征管效能的目标，实施了新一轮税收改革[24]。

### （三）公共财政功能基本健全

目前，我国政府的公共财政基本实现了资金的配置、分配和稳定的功能。1994 年开始的财税改革取得了成功，适合于市场经济的税制已基本建立，税收作为主要的财政工具，宏观调控作用在不断增强。政府通过调整税率，改变公共支出和税种的组成，已经能够影响物价水平、就业水平和经济增长。在这种前提下，环境税收有可能影响并改变不同环境影响下生产活动的产出水平[23]。

### （四）环境税的社会可接受性提高

从环保意识的角度看，随着经济的快速发展，生态环境的日益恶化，无论是政府还是企业，以及广大民众都对生态环境的保护有了足够的了解和认同。近年来，我国政府已经将环境保护指标纳入了地方政府和党政领导的绩效考核体系之中，这一政策具有强烈而坚实的民意基础。随着党政领导干部环境保护意识的提高，势必加快环境税收政策的实施进程。此外，循环经济理念的树立和ISO 14000环境管理认证体系的实施，环境标志产品在社会上被广泛的接受，越来越多的企业开始逐步接受清洁生产，也更加注重降低包括环境成本在内的所有成本，逐步树立自身的“绿色”形象[25]。这些转变为环境外部不经济性内部化提供了实现机制，伴随着企业环境保护意识提高环境保护税收政策的障碍得以降低。随着生活质量的不断提高，社会民众对生态环境问题倍加关注，特别是一些污染问题已经引起了人们的强烈不满，保护环境意识日益增强，征收环境保护税符合大众意愿，社会可接受性明显提高[24]。

### （五）必要的机构设置

环境保护税的实施需要税务部门和环境管理部门的协同努力。过去20多年中，环境管理部门在制定和执行现有的环境经济政策方面，已经获得了丰富的经验，可为环境保护税政策的制定和实施所借鉴。同时，随着环境保护部门能力的加强，环保部门可以提供技术上的支持。另外，现有税务部门较为完善的机构设置和强大功能，将保证环境保护税的征收能够顺利执行[23]。

### （六）环境保护税理论和实践相对成熟

一是开展了系列研究探索政策设计。环境保护税的征收将涉及许多复杂的技术性问题，如税目设计、税率设定、计税办法、纳税环节、减免条件等。现行的环保收费和消费税等包含环保思想的政策条款为制度设计都提供实际范例可以借鉴参考。通过多年的实施和改革，我国排污收费制度已经建立了一套比较完整的征收体系，包括收缴的对象、征收范围、计费标准和征收环节等，奠定了环境保护税的雏形，积累了经验。从2005年开始，国家税务总局财产和行为税司在联合国开发计划署（UNDP）的援助下，通过国内外考察、召开国际国内研讨会等形式就我国环境税收制度建设开展了系列研究工作。由联合国开发计划署（UNDP）、英国国际发展部（DFID）资助的中国促进减贫的财税改革能力建设项目都取得了良好成果。此外，财政部、国家税务总局、环境保护部、国家发改委等部委及其相关的科研机构分别或者联合成立了课题组开展研究工作[24]。

二是环境监测技术和水平有了较大提高。我国当前已经形成了一整套环境监测系统和环境监理体系，统一在地方进行自动监测站数据集成联网改造工程，为解决环境保护税的计算和征收创造了条件。尤其是一些技术性难题得到解决，环保监察部门开发和推广使用了排污量在线全天候监测系统、污水处理设施运行远程监控系统（俗称环保黑匣子）等现代化监测手段，针对污染或破坏损失程度的计算和核定建立物料衡算模型等[24]。

# 第二章　环境保护税及其理论基础

明确环境保护税的概念是本书内容的基础，本章将从不同的角度界定其内涵。从广义视角来看，环境保护税不仅只是一个税种，而是一种以环境保护为目的的税收体系，依据划分的不同又可将其分属于不同的类别。它是基于公共物品、外部性和可持续发展等理论而衍生出来的一种环境管理手段，通过外部负经济的内部化而使环境这种公共物品能够得到最优配置。

## 第一节　环境保护税定义

环境保护税，又名环境税（Environmental taxes）、生态税（Ecological taxes）、绿色税（Green taxes）。由于定义的角度或方法不同，环境保护税的内涵不尽相同。从税基角度，欧共体统计办公室（the Statistical Office of the European Economic Community，英文缩写为“Eurostat”）认为，如果一种税收的税基是某种物品的物理单位（或者是物理单位的替代），而该物品的使用或释放被证明对环境有着特定的负面影响，那么该税收就属于环境税[26]。从征税目的角度，经济合作与发展组织［Organization for Economic Co-operation and Development，简称经合组织（OECD）］将环境税定义为为了达到特定的环境目标而引入的税收，或者虽然最初的引入并非是基于环境原因，但对环境目标有着一定的影响，可以为了环境原因而增加、修改或减少的税收[27]；《1996年中国环境年鉴》对环境税的定义是国家为了保护环境和资源而凭借其主权权利对一切开发、利用环境资源的单位和个人，按照其开发、利用资源的程度或污染、破坏环境资源的程度征收的一个税种[29]。从征税对象角度，根据国际财政文献局（International Bureau of Fiscal Documentation，简称IBFD）在《国际税收辞汇》（第二版）中所述，绿色税收又称环境税收，指对投资于防治污染或环境保护的纳税人给予的税收减免，或对污染行业和污染物的使用所征的税[29]。

综合国内外各种关于环境税的概念界定来看，环境税的概念之所以如此复杂多样，除了定义者所采用的方法和视角不尽相同外，也是因为环境税的内涵与外延正处在不断发展变迁的过程之中。而就目前环境税的发展状况来分析，环境税的概念已经比较丰富和相对成熟。从国际经验来看，环境税并非一个单一的税种，是国家从可持续发展的角度出发，为保护环境而征收的具有调节环境污染、资源利用行为的有关税收的总称，是与环境保护相关的不同的税种和有关税收措施或政策等构成的税收体系。各国环境税制一般由两个部分构成，两者属于相互补充关系。一是以保护环境为目的，针对污染、破坏环境行为课征的各个专门或独立税种，这是环境税制的最核心内容，发挥主要作用，于中国而言即《中华人民共和国环境保护税法》（以下简称《环境保护税法》）中规定的环境保护税。二是其他一般性税种中与环境保护相关的具体税收规定，是指政府凭借政治权力对环境相关的特定产品、劳务或行为强制无偿征收的所有税种，既包括激励纳税人治理污染、保护环境的各种税收优惠规定，也包括限制纳税人污染、破坏环境的各种税收惩罚规定，这是环境税制的补充内容，配合独立环境税发挥辅助作用，课税对象包括能源产品、机动车、废弃物或污染物排放、自然资源开采等。我国现行与环境相关的税种主要包括消费税、资源税、城市建设维护税、车船税和车辆购置税、城镇土地使用税和耕地占用税，以及一般性税种中为激励纳税人保护环境而采取的税收优惠等税收调整措施。虽然这些税种的设置很少考虑环境因素，同时从环境保护角度存在一些缺陷（第三章会详细阐述），但是它们占总税收的比例占 GDP 的 0.8% ～ 0.9%，为保护环境和削减污染提供了一定的刺激和资金。

环境保护税作为税收的一种，除具有税收的一般特征之外，还有区别于其他税种的特征。第一，环境税的税基会随着环境税制度的有效实施而不断减小。环境税的有效实施会改变人们的经济行为，使人们减少对环境资源的污染和破坏，从而减小环境税的税基。第二，环境税的征税范围较广。据 OECD 和欧洲经济区（European Economic Area，EEA）的数据库资料显示，OECD 国家总共实施了 375 项不同的环境税收，其中环境税和能源产品税有 150 种，机动车辆税有 125 种，与废弃物管理相关的税有 50 种，此外还有许多具有针对性的小税种。第三，环境税征收管理的技术性较强。环境税的顺利实施需要建立完善的技术支撑系统，包括科学的环境标准制度、先进的环境监测技术与核算方法、严密的征收管理程序以及专业的技术人员。此外，环境税本身就是一种法律手段，只不过是与命令控制型法律手段不同的法律手段[30]，是一种经济性、基于市场化机制的法律手段。即环境税实质上是经济手段和法律手段的有机融合。需要注意的是，在环境税具有法律手段的属性之前，必须经过一定的立法程序，成为正式的法律制度，即环境税法律制度[8]。

环境保护税的直接目的在于促使企业改变自身生产方式，由粗放型向集约型转变，以减少生产经营活动中对环境的不良影响，达到经济活动与自然环境的良性互动。也就是说，通过市场竞争的方式诱导市场主体减少污染排放，从而达到治理的目的[31]。

## 第二节　环境保护税类型

环境保护税是由多个能够发挥环境保护作用的税收政策形成的系统，该系统内部的各个政策之间应该相互协调、相互补充，共同发挥作用。环境保护税的类型可以从以下几个角度进行划分。

（1）从征税对象与环境的关系角度，环境保护税收可分为直接对污染征税（如排放税）和间接对污染征税（如产品税）。前者被认为是治理污染最直接、最有效的工具，但执行难度大，主要源于难以对实际排放量进行准确测量。而后者采用更广义的税基，把汽车燃料、机动车辆作为征税的对象，简化税收的计量和监管，征税更加规范，但污染控制的效果不直接，甚至可能会导致短期内更严重的污染，带来的治污技术创新动力也较弱，或者可能会延迟创新。

（2）从征税环节角度，根据污染物产生的原因，从资源开采（或投入品）、生产、排放、消费等多个环节进行环境与生态保护的税收调控。可以根据污染物产生的原因和特点，形成一个包括“开采→生产→排放→消费”各环节的全面的税收调控体系（见图2-1）。我国税收体系里主要通过征税和税收调节两种手段来实施调控，既有的环境保护相关税主要作用在开采（投入品）、生产、消费等环节，之前没有、此次新增的《环境保护税法》则是对排放环节的税收调控。

（3）从税金使用角度，环境税可以分为财政型环境税和刺激型环境税。财政型环境税的主要目的是筹措财政资金，其又可以分为成本回收型环境税和收入型环境税。成本回收型环境税在功能上主要用于支付环境服务和削减措施的费用，如污水处理费用（使用者付费），也可能用于其他相关的环境支出（指定付费）；收入型环境税的定义是“这种税收可能会

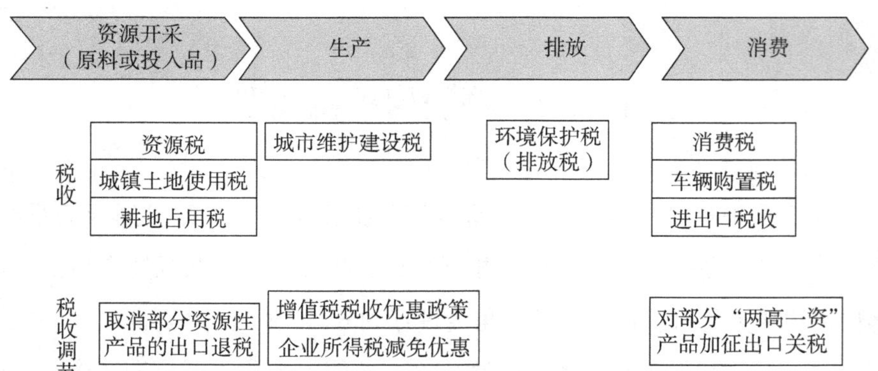


图 2-1 中国环境保护税收调控关系示意图

改变或意图改变行为，但是会同时带来超过环境管制需要的收入”，“这些收入可能是政府本身的需要，或者他们是带来希望的税收负担转移，例如将税负从高边际税率的收入税或非工资性劳动税上转移出来的一种途径”。它遵循“受益者付费”的原则。如瑞典、丹麦、荷兰等国家近年来都相继大幅提高了原油的对自然资源和污染课税的税率，或开征新的绿色税种，同时相应降低所得课税的数量。刺激型环境税是用于改变生产者和消费者的行为，遵循“污染者付费”原则，环境保护的调控功能明显，如 $NO_x$ 税和 $SO_2$ 税。这两种环境税收并不是相互排斥的，而是具有互补性且同时存在[32,33]，通过税收收入的使用去向而区分。时下国内环境污染问题严重，国家更加重视环境保护税的调控职能，将其定位为刺激型环境税，反而忽视了环境税的财政功能[32]。

（4）从政策功能角度，将环境税分为污染物排放税、环境服务税、污染产品税、生态环境补偿税四种[34]。污染物排放税（收费）是指对排入环境（包括水、大气、土壤）的污染物及噪声的产生进行收税（收费）。排污税（排污收费）是按污染物的性质和数量来计算的。其思想来源是排污者必须对由于其活动造成的环境破坏进行补偿，实现经济等活动外部性的内部化。其目的在于刺激排污者尽可能通过各种方式减少污染物的排放。环境服务税，又称使用者收费，是对（可能）需要社会为了避免或改善环境而提供服务的单位或个人进行征税（收费）。它征收的依据是社会公共服务，主要包括污水处理和垃圾处理。其征收的目的有两个：一是刺激与公共服务有关的当时人尽量减少资源的使用（包括水、电、生活用品等），二是筹集资金用于补偿行政管理支出和改善环境。污染产品税（产品收费）是指对那些再生产、加工、消费或处理过程中对环境可能造成危害的产品征税（收费）。征收的主要对象是生产厂家和消费者，目的在于鼓励生产厂家尽量生产清洁或少污染的产品，鼓励消费者尽量使用清洁（少污染）的产品和减少消费量，从而减少对环境的压力。生态环境补偿税，是基于“生态资源与环境有价”这一新的价值观，因为生态与环境能够提供人类生存、发展和享受有用的产品、服务于舒适性。人类开发自然的历史教育证明“资源环境无价”的观念导致了生态系统的破坏。生态环境补偿税是指向开发或利用生态环境资源的生产者和消费者征收的一种税收，同时用于补偿恢复开发利用过程中造成的自然生态环境破坏。

（5）从付费原则角度，环境税分为“使用者付费”和“污染者付费”两类。前者包括自然资源税、污染产品税，是对一切开发、利用环境资源或者使用产品的单位和个人征税，计税依据为资源或产品的数量或价格。后者包括污染排放税，即对造成环境污染的直接污染物征收的一种税，计税依据是污染物的排放量。

（6）从税收征收模式（或税收独立性）角度，环境税分为独立型环境税和融入型环境税。独立型环境税是指根据受益者付费或使用者付费原则，以筹集环保资金为目的而独立征收的税，采用独立型环境税一般会增加征纳成本。其具有很强的针对性、系统性和充分性，能最大限度地发挥税收对环境破坏行为的调节作用。融入型环境税是指不设立单独的环境税种，而是通过对现行税制进行整合与完善，运用税收激励等手段把环境保护理念融入现有税种中，使整个税制体系绿色程度更高。融入型环境税模式比独立型环境税模式的矫正功能弱，也不利于筹集专项收入治理污染。但融入型环境税操作相对简便，无须通过人大立法，只需国务院批准即可实施，在节约税制设计成本与税收征管成本方面拥有优势。

在税费并存型环境税模式中，费改税对象的确定是依据其税源的稳定性程度和征管的难易程度等因素来决定：对于稳定性较差且征收比较有难度的征税对象仍然使用原来的收费方式，而对稳定性比较好且征收比较容易的征税对象实行费改税改革。相较于融入型，这种模式既具有收费手段的灵活性，又提高了其法律等级，使得征收工作严肃化、固定化，并且对征管水平的要求并不高。[33,35,36]

## 第三节　环境保护税理论基础

环境保护税的起源与发展具有一脉相承的关系，而理论基础是其发展的重要依据。通过对环境保护税理论基础的梳理，能够清晰地了解其发展脉络，为其后续政策的完善指明方向。环境税作为一种重要的环境政策手段，主要依托的是福利经济学中的外部性和公共物品理论，以及20世纪下半叶提出的可持续发展理论。本章将对环境税理论依据进行详细的阐述，说明环境保护税与这些理论之间的联系。

### 一、公共物品理论

公共物品（也称为公共产品）是经济学中的重要概念，根据萨缪尔森（Samuelson）在《公共支出的纯理论》（The pure theory of public expenditure）一文中的定义，公共物品是指这样一种物品，“每个人对这种物品的消费，都不会导致其他人对该物品消费的减少。”[37] 从消费的角度看，与之相对应的物品为私人物品（Private goods），它是指如果一种物品能够加以分割因而每一部分能够分别按竞争价格卖给不同的个人，而且对其他人没有产生外部效果。”[37] 按照萨缪尔森的定义，可以发现公共物品具有消费的非竞争性（Non-rivalness）和受益的非排他性（Non-excludability）两个基本特征。其中，公共物品的非竞争性意味着增加的消费者引起的社会边际成本为零，在公共物品的消费上，人人都可获得相同的利益。受益的非排他性则是指任何人对于公共物品都不具有所有权，在一个既定的供给水平下，公共物品一旦提供，不能阻止另外一些人从中受益，所有社会成员都可以同时享有同等的消费利益，也就是说，由于排斥其他受益者在技术上不可行或者经济上不合算，一般组织和个人很难将既消费公共物品又不付款的个人排除在公共物品的收益范围之外。如果换一个角度来看，这其中还隐含着公共物品效用的不可分割性（Non-divisibility）。因为公共物品是面向全社会提供的，具有共同消费的特点，其效用为全体社会成员所共享，不能将其分割为若干部分分别归属于个人或厂商享用[38]。

公共物品具有消费的非竞争性和受益的非排他性，这就意味着社会中的每个人都可以按追求个人利益最大化的原则使用它，以至于当使用的数量超过社会合理程度，私人成本小于社会成本时，就会不可避免导致外部不经济性，从而引发市场失灵[39]。

由于生活中的物品种类繁多，有许多物品可能只具有非竞争性和非排他性的一种特征，这就很难将其归于萨缪尔森所定义的公共物品或者私人物品[38]。这种介于公共物品和私人物品之间的混合产品则具有公共物品的部分特质，属于准公共物品。由于纯粹的公共物品一般比较少，在许多情况下准公共物品也被当作广泛意义的公共物品来对待。

环境资源在经济学上是指自然环境所提供的一种生产要素，它包括自然资源、环境容量、景观等环境要素。环境资源是自然形成的产物，客观上它不属于任何个体，同时它又可被任何个体自由取用而无须支付消费它的费用。例如，一个人自由地享用清洁的空气并不影响另一个人同时同地自由地呼吸。因此，环境资源属于公共物品[39]。

正是由于环境资源拥有公共物品的属性，导致其产权难以界定或界定成本很高，其往往由社会或团体共同拥有，属于“自由取用物品”，人们可以自由取用甚至任意破坏而不付分文，从而使其在配置和利用中通常陷入低效率甚至无效率[8]。但从全人类的整体角度看，环境资源又具有稀缺性，这使得人人渴望“搭便车”式的抢先消费。在获利动机驱使下，每个市场主体都会无节制地开发、利用环境资源，而以等价交换为基础的市场机制在此不起作用，其结局可能是所有人无节制地争夺有限的资源，以达到个人利益的最大化，最终导致环境资源的枯竭、破坏甚至毁灭，从而对全体开发、利用者造成不可挽回的损失[40]。

社会对与环境类似的公共物品的需求是客观存在的，但由于“公地的悲剧”和“搭便车”等问题的存在，公共物品的价值无法在市场中得到应有的体现。现代经济学认为，市场自由交易可以实现私人物品的有效生产，但无法提供足够的公共产品，所以环境、国防等公共物品则应该由政府提供，这时就需要政府采取适当的干预措施来解决公共物品的滥用和“免费搭乘”问题。环境税通过对生态环境、自然资源和能源等公共物品的使用进行征税，一方面是对这些公共物品重新进行合理的定价，以更准确地反映其价值，从而有助于对其进行有效率的配置，解决过度使用或滥用公共物品问题；另一方面也大大消除了“搭便车”的可能性。同时，征收环境税所产生的收入也可以作为环境资源保护的资金，由政府用来生产、提供环境性公共物品，以解决供给不足问题，从而在根本上极大地克服了“搭便车”问题。

## 二、外部性理论

外部性实际上就是边际私人成本与边际社会成本、边际私人收益与边际社会收益之间的不一致[41]。其理论的提出可以追溯到英国经济学家、剑桥学派的奠基者亨利·西奇威克（Henry Sidgwick），他最初对外部性的认识体现在对穆勒“灯塔”问题的继续探讨上。他在《政治经济学原理》（Priciples of Political Economy）一书中这样写道：“在大量的各种各样的情况下，这一论断（即通过自由交换，个人总能够为他所提供的劳务获得适当的报酬）明显是错误的。首先，某些公共设施，由于它们的性质，实际上不可能由建造者或愿意购买的人所有。”在这段话的表述中，虽然没有直接提到外部性，但他已经认识到在自由经济中，个人并不是总能够为他所提供的劳务获得适当的报酬，这种“个人提供的劳务”与“报酬”之间差异，正是我们所研究的外部性[42]。

一般认为，外部性的概念是马歇尔首次提出的。马歇尔在1890年发表的《经济学原理》中，在分析个别厂商和行业经济运行时，首创了外部经济和内部经济这一对概念。马歇尔在论述作为生产要素之一的“工业组织”时指出：“我们可把因任何一种货物的生产规模之扩大而发生的经济分为两类：第一是有赖于这工业的一般发达的经济；第二是有赖于从事这工业的个别企业的资源、组织和效率的经济。我们可称前者为外部经济，后者为内部经济。”他得出结论：“第一，任何货物的总生产量之增加，一般会增大这样一个代表性企业的规模，因而就会增加它所有的内部经济；第二，总生产量的增加，常会增加它所获得的外部经济，因而使它能花费在比例上较以前为少的劳动和代价来制造货物。”实际上，马歇尔把企业内分工而带来的效率提高称作是内部经济，而把企业间分工而导致的效率提高称作是外部经济。马歇尔虽然没有提出内部不经济和外部不经济概念，但从他对内部经济和外部经济的论述中，可以从逻辑上推出内部不经济和外部不经济概念及其含义[42]。

后来受马歇尔的启发，马歇尔的弟子庇古于1920年在《福利经济学》中正式提出和建立了外部性理论。庇古认为，在经济活动中，如果某些厂商给其他厂商或整个社会造成了损失而不需要付出代价，就存在“外部性”。在没有外部效应时边际私人成本就是生产或者消费一件物品所引起的全部成本，当存在负的外部效应时，例如一家企业排放污染引起其他企业或者个人为了维持原产量或者个人健康所需成本，这就是外部成本，边际私人成本加上外部成本就是边际社会成本。当存在正的外部效应时企业或者个人所产生的收益并不由他们单独享有并存在外部收益。边际私人收益与外部收益之和就是边际社会收益。既然在边际私人成本与边际社会成本、边际私人收益与边际社会收益相背离的情况下，自由竞争无法实现社会福利最大化，政府就需要采取政策来消除这种背离，庇古的策略是对于边际私人成本小于边际社会成本的部门实行征税，而对于边际私人收益小于边际社会收益的部门进行奖励和补贴，这种政策建议后来被称为庇古税[41]。

1928 年，阿林 · 杨格（Allyn Abbott Young，1876—1929）在其著名论文《报酬递增与经济进步》中，系统地阐述了动态的外部经济思想。1952 年，威廉 · 杰克 · 鲍莫尔（William Jack Baumol，1922—2017）在《福利经济及国家理论》一书中对垄断条件下的外部性问题、帕累托效率与外部性、社会福利与外部性等问题作了较深入的考察。在这些思想的影响下，“二战”以后，外部性理论主要沿着以下三条路径演进：

（1）遵循庇古的研究思想，对众多的外部不经济问题进行了深入的探讨，这些问题包括交通拥挤问题、石油和捕鱼区相互依赖的生产者的共同联营问题以及日益受人关注的环境污染问题。

（2）针对外部性（尤其是外部不经济）问题，提出了众多的“内在化”途径。除传统的政府干预方式外，1960 年，科斯提出了明晰产权的思路。

（3）沿着马歇尔，尤其是阿林 · 杨格关于规模经济（动态的外部经济）的思路发展。1970 年，齐普曼（J. S. Chipman）在《经济学季刊》上发表了《规模的外在经济与竞争均衡》一文，再次继承了这一思想。1986 年，芝加哥大学保罗·罗默（Paul M. Romer）在《政治经济学》杂志上发表了《收益递增与长期增长》一文，首次系统地建立了一个具有外部性效应的竞争性动态均衡模型。总之，在上述经济学家及其追随者的努力下，外部性理论研究已成为现代经济学研究的一个新热点[42]。

外部性可分为正外部性和负外部性。正外部性即马歇尔提到的“外部经济”，是经济主体的经济行为对其他人所造成的直接而有益的影响却不在成本或收益中反映出来，即经济主体本身无法获得补贴或补偿的一种现象。例如养蜂人养的蜜蜂，会给周边的果园中的花草树木散播花粉，那么果园将会收益，但是这个收益，养蜂人并没有获得与之相当的收入。相应地，果园并没有为享受到这样的收益付出经济的代价。负外部性（即庇古提到的“外部不经济”）正好相反，是指经济主体的经济行为对其他经济主体所造成的直接而有害的影响却不在成本或收益中反映出来，即经济主体不需支付任何费用或者不给予任何补偿的一种现象。例如当有人在公共场所抽烟，会直接对其他人的健康产生损害，但是被动吸烟者却得不到相应的补偿[43]。

外部性的存在，使得经济主体无法通过市场交易来解决外部性的问题。即受益的经济主体不提供经济费用，受损的经济主体得不到行为主体的经济补偿，因为理性人的假设，每个经济主体都希望达到自己的利益最大化，却没有考虑外部性，这时的决策就不是最优的也不是社会福利最大化的决策。外部性的存在使得私人成本不再等于社会成本。私人成本是消费者为了消费商品或生产者为了生产物品而付出的经济成本，而社会成本是包括私人成本在内的，之外还有被外部性影响的其他经济主体为了保证相同的产量而做出的减少外部性的影响所花费的成本。他认为，当经济活动存在外部性时：

MSB（边际社会收益）=MEB（边际外部收益）+MPB（边际私人收益）

MSC（边际社会成本）=MEC（边际外部成本）+MPC（边际私人成本）

其中当 MPB=MPC 时，企业实现利润最大化。当 MSB=MSC 时，社会福利达到最大化。

如图 2-2 所示，单个造纸厂在竞争性市场上的决策。假设厂商的生产函数是固定比例的，如果要达到废水排放量少，则只有降低产出。如果纸的价格是 $P$，图中的 MPC 给出一个典型造纸厂的边际成本，即当该厂商的产量为图中的 $Q_1$ 时，企业实现利润最大化。由于造纸厂生产过程中所产生的负外部性，导致 MPC 是低于 MSC 的，所以，最真实的私人的最优产量为 $Q_1$，但对整个社会来说最优的产量是 $Q^*$，即图中 $P$=MSC 时的产量。所以一旦有负外部性的因素，社会最优产量是不等于而是小于私人最优产量，此时市场失灵，不能实现整个社会的福利最大化。

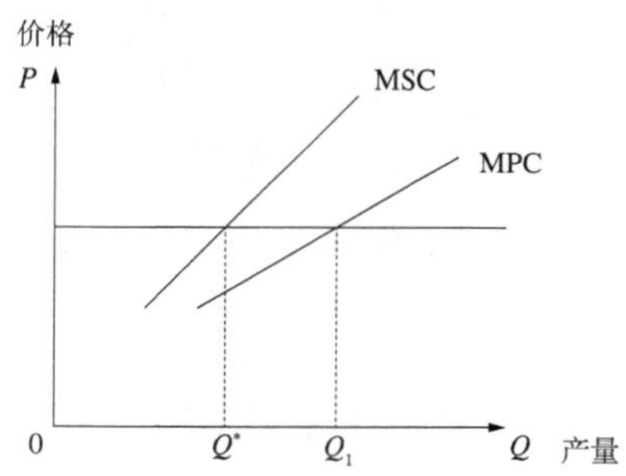


图 2–2　存在外部性条件下的造纸厂决策

所以当存在外部性时，要达到整个社会的最优产量，边际条件就是将外部性纳入条件，以社会的边际收益和边际成本相等为最优条件。每个个体的最优是边际私人收益与边际私人成本相等，但是当私人达到最优时，却并没有达到社会的最优，无法达到帕累托最优。而如今，外部性问题不仅存在于居民之间，也存在上一代与下一代之间。企业作为理性人典型的代表，看重的就是企业本身的经济发展与利润，所以会降低企业自身的成本，增加企业自身收益[43]。为了追求其利益最大化，它必然会按照边际收益和不包含社会成本的边际生产成本的交点来决定产量，这一产量必然大于考虑社会成本时追求利润最大化的产量，从而导致过量的污染物排放。而如果国家不加约束，企业所造成的负外部性，即对环境的污染行为会更加肆无忌惮，换句话说这对于社会对于其他人来说其实是有失公允的。而且企业一味地追求自己产量最优，会使污染越来越严重[43]。因此，只能由政府通过征税或者补贴来矫正经济当事人的私人成本。这种纠正外部性的方法即经济学家庇古提出的庇古税，他主张通过征税或者补贴等政府干预的方式，将外部性内化到成本中，迫使企业考虑到污染对社会的危害，使社会产出量在边际收益等于边际社会成本的有效产出量上，也使产品的价格等于边际社会成本，达到社会资源的最优配置，从而解决外部性的困境。庇古税方案为开征环境污染税提供了很好的数量上的计算依据，即理论上征税税率应等于最优产出时的污染造成的边际外部成本。[40] 具体来说，当负外部性存在时，对产生负外部性的经济主体的产量或销售额征税，提高该经济主体的 MPC。当正外部性存在时，给予产生正外部性的经济主体补贴，提高其 MPB，使得 MSB 与 MSC 相等，达到社会最优[43]。

## 三、可持续发展理论

自工业革命、科技革命以来，全球经济飞速发展，然而随之而来的是城市无序扩张、资源过度开发、超负荷人口增长、环境恶化等一系列不利人类社会发展的问题。环境可持续性与经济发展之间具有复杂的相互影响的关系，即经济无法在退化的环境中持续增长，同时环境也无法在低经济水平下得到维持与改善。20 世纪 60 年代以来，联合国与许多国家在保护自然环境的前提下，把促进全球社会和经济发展视为主要挑战，为解决环境与发展之间的矛盾，联合做出了诸多努力，并设法将问题和潜在解决方案转化为国家或国际战略[44]。联合国于 1972 年在瑞典首都斯德哥尔摩召开了人类环境会议。会议是关于可持续发展理论的第一次重大国际讨论，同时创造了“生态发展”（eco-development）一词。会议通过了《联合国人类环境宣言》，首次把环境问题与发展联系起来，并指出发达国家与发展中国家对环境资源问题承担共同责任。1983 年，联合国成立了世界环境与发展委员会（World Commission on Environment and Development，简称 WCED），负责研究经济增长与环境退化之间的关系。1987 年，该委员会第一次将“可持续发展”这一概念引入到正式的政治领域，1990 年联合国发布的《21 世纪议程》第一次把可持续发展问题从理论层面推向行动[45,46]。

对于可持续发展的定义，最有影响是 1987 年挪威首相布伦特兰夫人在她任主席的联合国世界环境与发展委员会（WCED）的报告《我们共同的未来》（Our Common Future）中，把可持续发展定义为“既满足当代人的需要又不危及后代人满足其需求的发展”。希克斯 · 林达尔和其他经济学家从经济角度对可持续发展下了定义，如“在不损害后代人的利益时，从资产中可能得到的最大利益。”“在保持能够从自然资源中不断得到服务的情况下，使经济增长的净利益最大。”世界银行在 1992 年度的《世界发展报告》中称，可持续发展是“建立在成本和效益和审慎的经济分析基础上的发展和环境政策，加强环境保护，从而导致福利的增加和可持续水平的提高。”1992 年，联合国环境与发展大会的《里约宣言》中对可持续发展进一步阐述为“人类应享有与自然和谐的方式过健康而富有成果的生活的权利，并公平地满足今世后代在发展和环境方面的需要，求取发展的权利必须实现”。总之，可持续发展的概念涉及经济增长与发展的关系、发展的容量、公平、自然资源总量、发展与环境的关系等问题。可持续发展理论包含三个基本点，即需要、限制与公平。在实现经济发展的同时，使现有资源可以更久地使用或者研究更多循环利用的技术以及可替代资源，这是核心。根本问题是如何在全球范围内合理配置环境资源[43]。

可持续发展是既满足当代需要又满足后代需要的发展，是一种长久、稳定的发展，是从纵向历史过程对发展提出的要求。可持续发展具有以下特征：①公平性。公平性要其在可持续发展的框架中，人与人的基本行为准则是平等原则，体现在未来取向的代际平等。它强调发展问题上要足够公正地对待后代人，当代人的发展不能以损害后代人的发展能力为代价。②持续性。持续性要求人类社会的经济发展中不能只顾眼前的一时高速度而不顾发展的长期性，不能超越资源的与环境的承载能力而要保持发展的高效、稳定与持续。要保证发展的可持续性，就要求在既定的条件下，通过实行人口、资源、环境等问题的外部效应内部化的机制，使资源配置达到最优。③共同性。共同性要求人类社会在不同利益群体之间以及人类与维持生态平衡的其他物种之间必须在同一星球上和平共处，因为“只有一个地球”，地球上的所有物种都要表现为“一荣俱荣、一损俱损”。这就要求人类必须积极保护生物的多样性[40]。

绝大多数环境主义者认为，环境和自然资源是有限且有价值的，要求人们在经济发展过程中，使自然资源和环境不发生存量下降和其他类型的损失。从可持续性原则出发，对环境和自然资源的利用必须考虑带给他人的损害成本和给后代带来的机会成本，即考虑代际资源配置和代际公平，并使之得到经济上的补偿。而政府作为当代人和后代人的利益的共同代表行使对环境资源的所有权来对环境和自然资源的利用进行征税，并将环境税收入的一部分作为代际补偿的基金来源[40]。

从理论本质上来讲，可持续性发展理论是将环境负外部性理论从时间进行纵向扩展，考虑微观主体对资源、环境的运用会对未来和后代产生损失或机会成本，即资源减少和环境污染生态失衡构成的外部不良经济，也应当通过征收环境税的方式内化[40]。现代意义的环境税正是在这个理论上建立起来的，作为一个对后代负责任的政府可以通过征收环境税的方式对当代人有可能向后代人传递的负外部性进行调节，并利用筹集起来的税收收入对污染进行治理，对自然环境进行保护，使后代人拥有和当代人同样的生存和发展环境[47]。

# 第三章　环境保护税体系

在《环境保护税法》实施以前，我国的税收体系中缺乏保护环境的专门性税种，与环境保护有关税费分散于各税种当中，主要表现为诸多鼓励引导环保行为、促进鼓励环保产业发展和限制污染行为的政策规定，初步体现了鼓励资源节约、保护生态、限制污染的政策导向。涉及环境方面的税种虽然间接对环境保护起到了一定的作用，但税费相互之间没有形成有效机制，且本身存在税收征收范围窄、税率低、结构不合理等问题。因此，我国运用税收经济手段治理环境还处于初级阶段，尚未形成一个成熟的环境税收体系，而我国快速的经济增长带来的严重环境问题是我们要亟待解决的，所以要想在我国建立一个完善有效的环境税体系是必要且紧迫的。下面对我国现存与环境相关的税收进行具体分析，总结我国环境税收现状与不足，为独立环境保护税的开征奠定政策环境基础。

## 第一节　与环境保护相关的税收

在我国现行的税收中，我国与环境保护相关的税收包括资源税、消费税、城市建设维护税、车船使用税和车辆购置税、城镇土地使用税和耕地占用税等，这些税种的征收与环境保护存在着直接或间接的联系，本节将分别予以介绍。

## 一、资源税

资源税顾名思义就是专门针对规范我国自然资源的管理和使用而设置的一项税收。从资源国有的角度来看，资源税是开发者对获得应税资源使用权的一种购买，属于地方税，开征于1984年10月1日，主要目的是有效地调节资源开发者之间的资源级差收益，使资源开发者能在大体平等的条件下竞争，同时促使开发者合理开发和节约使用资源。资源税以开采或生产矿产品或盐的单位和个人为纳税人，按照不同的应税污染物分别采取从量计征和从价计征，采取“普遍征收，级差调节”征收方式，根据矿产资源等级分别确定不同的税额，所有开采者开采的所有应税资源都应缴纳资源税，同时开采中、优等资源的纳税人还要相应多缴纳一部分资源税，即“资源条件好、收入多的多征；资源条件差、收入少的少征”。课税对象为原油、天然气、煤炭、其他非金属矿原矿、黑色金属矿原矿、有色金属矿原矿和盐等七种产品，现行资源税所规定的税目税率幅度见表3-1、表3-2[48,49]。表3-2列举名称的21种资源品目和未列举名称的其他金属矿实行从价计征，计税依据为原矿、精矿（或原矿加工品）、氯化钠初级产品或金锭的销售额。对经营分散、多为现金交易且难以控管的黏土、砂石，按照便利征管原则，仍实行从量定额计征。未列举名称的其他非金属矿产品，按照从价计征为主、从量计征为辅的原则，由省级人民政府确定计征方式。

表3-1 资源税税目税率总表

| 税目 | | 税率 |
|---|---|---|
| 一、原油 | | 销售额的5%～10% |
| 二、天然气 | | 销售额的5%～10% |
| 三、煤炭 | 焦煤 | 每吨8～20元 |
| | 其他煤炭 | 每吨0.3～5元 |

续表

| 税目 | | 税率 |
|---|---|---|
| 四、其他非金属矿原矿 | 普通非金属矿原矿 | 每吨或者每立方米 0.5 ～ 20 元 |
| | 贵重非金属矿原矿 | 每千克或者每克拉 0.5 ～ 20 元 |
| 五、黑色金属矿原矿 | | 每吨 2 ～ 30 元 |
| 六、有色金属矿原矿 | 稀土矿 | 每吨 0.4 ～ 60 元 |
| | 其他有色金属矿原矿 | 每吨 0.4 ～ 30 元 |
| 七、盐 | 固体盐 | 每吨 10 ～ 60 元 |
| | 液体盐 | 每吨 2 ～ 10 元 |

表 3-2　从价计征资源税税目税率列举

| 序号 | 税目 | | 征税对象 | 税率幅度 |
|---|---|---|---|---|
| 1 | 金属矿 | 铁矿 | 精矿 | 1% ～ 6% |
| 2 | | 金矿 | 金锭 | 1% ～ 4% |
| 3 | | 铜矿 | 精矿 | 2% ～ 8% |
| 4 | | 铝土矿 | 原矿 | 3% ～ 9% |
| 5 | | 铅锌矿 | 精矿 | 2% ～ 6% |
| 6 | | 镍矿 | 精矿 | 2% ～ 6% |
| 7 | | 锡矿 | 精矿 | 2% ～ 6% |
| 8 | | 未列举名称的其他金属矿产品 | 原矿或精矿 | 税率不超过 20% |
| 9 | 非金属矿 | 石墨 | 精矿 | 3% ～ 10% |
| 10 | | 硅藻土 | 精矿 | 1% ～ 6% |
| 11 | | 高岭土 | 原矿 | 1% ～ 6% |
| 12 | | 萤石 | 精矿 | 1% ～ 6% |
| 13 | | 石灰石 | 原矿 | 1% ～ 6% |
| 14 | | 硫铁矿 | 精矿 | 1% ～ 6% |
| 15 | | 磷矿 | 原矿 | 3% ～ 8% |
| 16 | | 氯化钾 | 精矿 | 3% ～ 8% |
| 17 | | 硫酸钾 | 精矿 | 6% ～ 12% |
| 18 | | 井矿盐 | 氯化钠初级产品 | 1% ～ 6% |

续表

| 序号 | 税目 | | 征税对象 | 税率幅度 |
|---|---|---|---|---|
| 19 | 非金属矿 | 湖盐 | 氯化钠初级产品 | 1% ～ 6% |
| 20 | | 提取地下卤水晒制的盐 | 氯化钠初级产品 | 3% ～ 15% |
| 21 | | 煤层（成）气 | 原矿 | 1% ～ 2% |
| 22 | | 黏土、砂石 | 原矿 | 每吨或立方米 0.1 ～ 5 元 |
| 23 | | 未列举名称的其他非金属矿产品 | 原矿或精矿 | 从量税率不超过 30 元；从价税率不超过 20% |
| 24 | 海盐 | | 氯化钠初级产品 | 1% ～ 5% |

注：1. 铝土矿包括耐火级矾土、研磨级矾土等高铝黏土。2. 氯化钠初级产品是指井矿盐、湖盐原盐、提取地下卤水晒制的盐和海盐原盐，包括固体和液体形态的初级产品。3. 海盐是指海水晒制的盐，不包括提取地下卤水晒制的盐。

具体纳税人适用的税额（如煤炭）主要取决于资源的开采条件，对地区、资源类别和级别等进行了区别征税，对资源的有效开发与合理利用起到了重要的调节作用。然而，资源税的设立并非出于节约资源的初衷，税额的高低与该资源开采的环境影响（如高硫煤燃烧造成的大气污染）无关，这样的性质定位极大地限制了资源税在调节环境行为方面作用的发挥。主要体现在以下方面：

首先，较低的税负水平。我国的资源税的税费在自然资源价格中占比很小，例如，煤炭销售价格在 1 000 元 /t 左右，而资源税的应收标准在 10 元 /t 以下，这对企业的影响微乎其微，达不到制约企业过度开采自然资源，促进节约资源的作用。在这种暴利的驱使下，一些资源的矿主甚至会不顾后果地掠夺式地过度开采自然资源，这样直接导致对生态环境的严重破坏和自然资源的极端浪费[50]。

其次，资源税计税依据不科学。自然资源尤其是不可再生资源，一经开采，无论其销售与否，都将产生一定的资源消耗，对自然环境造成不可恢复的破坏。现行资源税的计税依据为应税产品的销售额或销售数量，而非“应开采的数量”，忽略了资源开发过程中产生的浪费，出现过度开采和积压的现象。对于开采之后未经使用和销售的资源则不进行征税，这样就不能从源头阻碍资源的过度开采，一些企业即使过度地开发和浪费自然资源，只要没有形成产品，就不用缴纳税费[50]。

再次，征收范围不够宽。根据我国现行的资源税税收政策，可以征收资源税的应税资源只有七种，主要为不可再生资。一些可再生资源，如水、森林、湿地、草原、地热等具有重要生态价值的可再生资源却都没有征收资源税。这既违反税收公平也使得企业对一些资源不顾后果地疯狂开采，不仅不利于企业之间的公平竞争，而且对自然资源的节约和生态环境的保护极为不利[50]。

最后，没有强调资源税对节约资源和降低污染的功能。比如纳税人适用的税额主要取决于资源的开采条件，而不是开采资源造成的环境影响。这些都限制了资源税的环境保护作用[51]。

## 二、消费税

消费税是对在我国境内生产、委托加工和进口特定消费品的单位和个人，以及国务院确定的销售特定消费品的其他单位和个人征收的一种流转税。消费税开征于1994年，在对货物普遍征收增值税的基础上，选择少数消费品再征收一道消费税，目的是调节产品结构，引导消费方向，抑制超前消费需求，保证国家财政收入。

消费税以生产、委托加工和进口特定消费品的单位和个人为纳税对象，共设置了14个税目，其中6个税目下又设置了若干子目，共列举了38个征税项目可分为五类。第一类：一些过度消费会对人类健康、社会秩序、生态环境等方面造成危害的特殊消费品，如烟、酒、鞭炮、焰火等；第二类：奢侈品、非生活必需品，如贵重首饰、化妆品等；第三类：高能耗及高档消费品，如小轿车、摩托车等；第四类：不可再生和替代的石油类消费品，如汽油、柴油等；第五类：具有一定财政意义的产品，如汽车轮胎、护肤护发品等。消费税的税率包括比例税率、定额税率和复合税率三类，实行比例税率的有 24 个，实行定额税率的有 11 个，复合税率为 3 个。多数适用比例税率，成品油税目和甲类、乙类啤酒、黄酒等子目适用定额税率，甲类、乙类卷烟和白酒等同时适用比例税率和定额税率，即复合税率。纳税人兼营不同税率的应税消费品，应当分别核算不同税率应税消费品的销售额、销售数量。未分别核算的或者将不同税率的应税消费品组成成套消费品销售的，从高适用税率。

目前，消费税中与保护环境相关的税目有 10 种[48,52]，如表 3-3 所示。鞭炮、焰火、成品油及其与汽车轮胎、摩托车、小汽车、游艇的消费是我国大气污染的重要来源。对不同油品、是否含铅、排气量等要素设置阶梯税率，有利于抑制能源消费，有效调节汽车消费量，间接促进我国的节能减排。对实木地板和木制一次性筷子征收消费税是对森林资源的一种保护。

表 3-3　消费税与环境相关的税目税率

| 税目 | 税率 |
|---|---|
| 一、烟 | |
| 1. 卷烟 | |
| （1）甲类卷烟 | 45% 加 0.003 元 / 支 |
| （2）乙类卷烟 | 30% 加 0.003 元 / 支 |
| 2. 雪茄烟 | 25% |
| 3. 烟丝 | 30% |
| 二、酒及酒精 | |
| 1. 白酒 | 20% 加 0.5 元 /500 克（或者 |
| 2. 黄酒 | 500 毫升） |
| 3. 啤酒 | 240 元 / 吨 |
| （1）甲类啤酒 | 250 元 / 吨 |
| （2）乙类啤酒 | 220 元 / 吨 |
| 4. 其他酒 | 10% |
| 5. 酒精 | 5% |

续表

| 税目 | 税率 |
| --- | --- |
| 五、鞭炮、焰火 | 15% |
| 六、成品油 | |
| 1. 汽油 | |
| （1）含铅汽油 | 1.08 元 / 升 |
| （2）无铅汽油 | 1.00 元 / 升 |
| 2. 柴油 | 0.80 元 / 升 |
| 3. 航空煤油 | 0.80 元 / 升 |
| 4. 石脑油 | 1.00 元 / 升 |
| 5. 溶剂油 | 1.00 元 / 升 |
| 6. 润滑油 | 1.00 元 / 升 |
| 7. 燃料油 | 0.80 元 / 升 |
| 七、汽车轮胎 | 3% |
| 八、摩托车 | |
| 1. 气缸容量（排气量，下同）在 250 毫升（含 250 毫升）以下的 | 3% |
| 2. 气缸容量在 250 毫升以上的 | 10% |
| 九、小汽车 | |
| 1. 乘用车 | |
| （1）气缸容量（排气量，下同）在 1.0 升（含 1.0 升）以下的 | 1% |
| （2）气缸容量在 1.0 升以上至 1.5 升（含 1.5 升）的 | 3% |
| （3）气缸容量在 1.5 升以上至 2.0 升（含 2.0 升）的 | 5% |
| （4）气缸容量在 2.0 升以上至 2.5 升（含 2.5 升）的 | 9% |
| （5）气缸容量在 2.5 升以上至 3.0 升（含 3.0 升）的 | 12% |
| （6）气缸容量在 3.0 升以上至 4.0 升（含 4.0 升）的 | 25% |
| （7）气缸容量在 4.0 升以上的 | 40% |
| 2. 中轻型商用客车 | 5% |
| 十二、游艇 | 10% |
| 十三、木制一次性筷子 | 5% |
| 十四、实木地板 | 5% |

现行消费税重点在于调节消费结构，抑制超前消费需求，并没有充分

考虑消费应税产品的行为所产生的环境外部成本，对保护环境、降低污染和减少消费等起到了一定程度的促进作用，但还存在一定的局限性。

首先，征税范围过窄。一些生产中过度耗费自然资源以及难以降解、回收利用的消费品没有被纳入征税范围，如电池、氟利昂、含磷洗衣粉、农药、一次性产品等；此外最突出的是消费税并未涉及煤炭这一能源消费主体，而其是我国环境污染的主要来源[53]。

其次，部分税率设置不合理。消费税部分税目的税率设置在环境保护方面难以发挥其影响消费行为的作用。例如，消费税对实木地板和木制一次性筷子只按 5% 的税率征收，对于抑制这两种消费行为的效果不明显，不利于对森林资源的保护。此外，游艇和大排量乘用车都是资源高消耗的消费品，现行消费税规定气缸容量在 4.0 升以上的乘用车税率是 40%，而游艇的消费税税率则仅为 10%，后者税率明显偏低，这与公平税负原则相背离，未达到提高环保效率的目标[54]。对于具有节能环保的新型汽车，如混合汽车、太阳能汽车也没有对应的优惠政策进行鼓励[50]。

再次，对污染产生者约束小。目前消费税中征收的与环境相关的商品税收比较分散，不能形成有效的税收心理效应，这也大大削弱了消费税在遏制环境污染和保护环境中所起的作用。此外，消费税属于在生产环节征收的间接税种，课征对象主要是消费者，这些污染环境的商品的生产者受到的触动很小，很多企业通过将利润后移至批发、零售环节的方式转嫁税负，削弱了消费税的财政收入效应[54]。比如，限塑令的政策结果是塑料袋照常用，只不过是消费者要单独购买而已，实际的政策效果并没有减少塑料袋的使用，原因就是此政策并没有提高生产者的生产成本，或者是生产者把成本转移给了消费者，而没有产生替代商品的效应。因此，消费税的这一独特情况也使得它在遏制环境污染、保护生态环境中的作用受到了限制[55]。

最后，计税依据不科学。例如，对汽油和柴油征税的计税依据是消费量，而没有充分考虑对环境的危害指标[53]。

## 三、城市维护建设税

城市维护建设税是为了扩大和稳定城市维护建设资金的来源，加强城市维护建设而征收的一种地方特定税。该税种于 1985 年 2 月开始实施，最初是为了弥补我国城市建设和维护方面的资金不足而开征的，主要的目的是财政目的，即为市政建设和维护筹措资金。随着工业化进程，环境污染和环境破坏的加剧，它也被作为地方政府治理环境问题的宏观政策手段而被重新定位。尽管城市维护建设税属于地方税，但基本税法是由中央统一制定的，地方政府可根据基本税法制订实施细则。由于增值税、消费税在我国现行税制中的主体地位，城市维护建设税作为其附加税也具有了相当广泛的征税范围，具有税源稳定、税收收入可随经济的发展而增加的优点。

现行的城市维护建设税以国内缴纳消费税、增值税的单位和个人为纳税义务人，以纳税人实际缴纳的消费税、增值税税额为计税依据，分别与消费税、增值税同时缴纳。根据“谁受益谁纳税，多受益多纳税”的合理负担原则，税率按照纳税人所处地点的不同和对城市设施享用程度的不同而设立三个档次[33]，具体是：（1）纳税人所在地在市区的，税率为 7%；（2）纳税人所在地在县城、镇的，税率为 5%；（3）纳税人所在地不在市区、县城或镇的，税率为 1%。城市市区、县城和建制镇的具体范围的确定，应当严格按照现行行政区划的划分标准执行，不能随意扩大或缩小各自行政区域的所辖范围。除另有规定外，纳税人缴纳城市维护建设税的税率，一律执行纳税人所在地的税率。在同一地区，只能执行同一档次的税率，不能因企业隶属关系、企业规模和行业性质不同，而执行不同的税率。

《城市维护建设税暂行条例》第六条规定：“城市维护建设税应当保证用于城市的公用事业和公共设施的维护建设，具体安排由地方人民政府确定”。该条规定明确了城市维护建设税是一个具有专款专用性质的地方税，所征税款专门用于城市住宅、道路、桥梁、防洪、给水、排水、供热、轮渡、园林绿化、环境卫生以及公共消防、交通标志、路灯照明等公共设施的建设和维护。

由于城市维护建设税具有专款专用的特点，环境基础设施建设属于城市基础设施建设的一部分，因此，该税收已经成为城市环境基础设施投资的一项重要渠道。这些基础设施包括城市污染收集和处理系统、生活垃圾处理系统、集中供热系统和清洁燃料供应系统等。尽管来源于城市维护建设税的财政收入数额还很低，而且也并不只是专用于城市环境基础设施的维护和建设，但在现行财税体制下，它却为推广集中处理城市污水和垃圾、集中供热、改变城市燃料结构等开辟了具有法律依据的、稳定和专门的财政资金渠道[33]。据有关资料显示，城市维护建设税用于环保投资的部分已占到总环保投资的35%左右，占城市维护建设税收入的45%左右。可见城市维护建设税为城市环保做出了很大的贡献[51]。由于这些工程设施对于改善城市大气和水环境质量具有特别重要的意义，因此，这项税收是一项真正的“绿色”税收，是环境保护融资的一种“专项税”[33]。

然而，城市维护建设税在环境保护方面还存在一定的局限性。首先，城市维护建设税随“三税”附征的征收模式使税收收入稳定性差，而且“三税”的减免并非完全基于环保原因，这样就违背了城市维护建设税的设置原则。其次，城市维护建设税当前税率较低，收入规模小，不能很好地满足城乡建设的资金需要，很多地方另行征收名目繁杂的城市建设资金，这样不仅形成了税、费并存，多渠道征收城建资金的复杂情况，而且形成“费挤税”的现象，干扰了税收的正常秩序，加大税收征管难度[51]。

## 四、车船税和车辆购置税

### （一）车船税

车船税是对我国境内依法应当到公安、交通、农业、渔业、军事等管理部门办理登记的车辆、船舶，根据其种类按照规定的计税单位和年税额标准计算在保有环节征收的一种财产税。由原来的车船使用税和车船使用牌照税合并而成，2007 年实施，2011 年立法。其主要目的是为地方政府建设、改善本地公共道路和保养巷道提供资金[33]。纳税人为在中华人民共和国境内规定的车辆、船舶（以下简称车船）的所有人或者管理人，共 9 个税目[56,57]，其具体税率见表 3-4。节约能源、使用新能源的车船可以免征或者减半征收车船税。

表 3-4　车船税税目税额表

| 税目 | | 计税单位 | 年基准税额 | 备 注 |
|---|---|---|---|---|
| 乘用车[按发动机汽缸容量（排气量）分档] | 1.0 升（含）以下的 | 每辆 | 60 元至 360 元 | 核定载客人数 9 人（含）以下 |
| | 1.0 升以上至 1.6 升（含）的 | 每辆 | 300 元至 540 元 | 核定载客人数 9 人（含）以下 |
| | 1.6 升以上至 2.0 升（含）的 | 每辆 | 360 元至 660 元 | 核定载客人数 9 人（含）以下 |
| | 2.0 升以上至 2.5 升（含）的 | 每辆 | 660 元至 1 200 元 | 核定载客人数 9 人（含）以下 |
| | 2.5 升以上至 3.0 升（含）的 | 每辆 | 1 200 元至 2 400 元 | 核定载客人数 9 人（含）以下 |
| | 3.0 升以上至 4.0 升（含）的 | 每辆 | 2 400 元至 3 600 元 | 核定载客人数 9 人（含）以下 |
| | 4.0 升以上的 | 每辆 | 3 600 元至 5 400 元 | 核定载客人数 9 人（含）以下 |
| 商用车客车 | | 每辆 | 480 元至 1 440 元 | 核定载客人数 9 人以上，包括电车 |
| 商用车货车 | | 整备质量每吨 | 16 元至 120 元 | 包括半挂牵引车、三轮汽车和低速载货汽车等 |
| 挂车 | | 整备质量每吨 | 按照货车税额的 50% 计算 | |

续表

| 税目 | | 计税单位 | 年基准税额 | 备 注 |
|---|---|---|---|---|
| 其他车辆专用作业车 | | 整备质量每吨 | 16 元至 120 元 | 不包括拖拉机 |
| 其他车辆轮式专用机械车 | | 整备质量每吨 | 16 元至 120 元 | 不包括拖拉机 |
| 摩托车 | | 每辆 | 36 元至 180 元 | |
| 机动船舶（按净吨位） | 不超过 200 吨 | 净吨位每吨 | 3元 | 拖船、非机动驳船分别按照机动船舶税额的 50% 计算 |
| | 超过 200 吨但不超过 2 000 吨 | 净吨位每吨 | 4 元 | |
| | 超过 2 000 吨但不超过 10 000 吨 | 净吨位每吨 | 5 元 | |
| | 超过 10 000 吨 | 净吨位每吨 | 6 元 | |
| 船舶游艇 | 不超过 10 米 | 艇身长度每米 | 600 元至 2 000 元 | |
| | 超过 10 米但不超过 18 米 | 艇身长度每米 | 900元 | |
| | 超过 18 米但不超过 30 米 | 艇身长度每米 | 1 300 元 | |
| | 超过 30 米 | 艇身长度每米 | 2 000 元 | |
| | 辅助动力帆艇 | 艇身长度每米 | 600 元 | |

车船税本身的开征目的不直接具有资源节约和环境保护的作用，而是通过对以造成环境污染的燃料为动力的车辆和船舶征税，增加其使用成本，间接抑制各种燃料对环境的危害[54]。将车船税使用条例上升为法律，对占汽车总量 72% 左右的乘用车按发动机排气量大小分别作了降低、不变和提高的结构性调整，更好地发挥车船税的调节功能，体现对汽车消费和节能减排的政策导向[51]。

虽然车船使用税在原先的标准上提高了不少，但是也只是单单提高了缴纳的纳税额度，并未按照环境污染的因素进行细致的区分。车船税对于非机动车和机动车则按车辆区分征收额度，而船舶则按载重吨位或净吨位区分征收额度[50]。一方面，我国车船税对于乘用车按照排气量分为七个等级征收，相同排量的车型价格却相差很多，尤其是国内自主品牌车辆往往是同排量车中价格最低的，如果与同排量、价格却相差甚远的大品牌车辆征收同样的税额，则会给自主品牌的企业造成不公。另一方面，排气量与油耗、污染之间不成一对一的对等关系。即使同一类型的车，由于其油耗、尾气排放量、性能以及实际使用情况不同，其对环境的污染程度也不同。燃油的不充分燃烧造成了汽车尾气的污染，如果采用新型能源作为燃料，或者采取先进技术让燃油充分燃烧，那么此类高排量车相比于比低排量车对于环境造成的污染要小[54]。仅仅提高税收的额度是无法有效调节车船的使用行为的，因为税额只在车船使用和购置成本中占很小的一部分，根本无法有效地促进环境保护和节约资源[50]。

### （二）车辆购置税

车辆购置税是以车辆为课税对象，在特定环节向车辆购置者征收的一种财产税。车辆购置税是在由 2001 年 1 月 1 日起征原交通部门收取的车辆购置附加费基础上，通过“费改税”的形式演变而来的，2019 年 1 月 1 日起施行。开征车辆购置税有利于合理筹集建设资金，积累财政收入，促进交通基础设施建设事业的健康发展[33]。

车辆购置税以我国境内购置汽车、有轨电车、汽车挂车、排气量超过 150 毫升的摩托车（以下统称应税车辆）的单位和个人为纳税人。购置是指以购买、进口、自产、受赠、获奖或者其他方式取得并自用应税车辆的行为。车辆购置税实施一次性征收且单一比例税率，即应税车辆的计税价格的 10%[58]。车辆购置税以应税车辆的价格为计税依据，实行从价定率、价外征收的方法计算应纳税额，计税价格的确定根据购置行为而有所不同，具体见表 3-5。

表 3-5 应税车辆的计税价格的确定

| 购置情形 | 计税价格 |
| --- | --- |
| 购买自用 | 纳税人实际支付给销售者的全部价款，不包括增值税税款 |
| 进口自用 | 关税完税价格加上关税和消费税 |
| 自产自用 | 纳税人生产的同类应税车辆的销售价格确定，不包括增值税税款 |
| 以受赠、获奖或者其他方式取得自用 | 购置应税车辆时相关凭证载明的价格确定，不包括增值税税款 |

最初的车辆购置税与节约资源和保护环境并无关系，但是由于现今的机动车和船舶大都燃烧油料，车船的使用便涉及资源的使用和环境的保护[50]。车辆购置税与车船的实际使用强度（如行驶公里数或汽油使用量）没有直接关系，当然也更不直接具有环境意义。一方面，尽量车辆购置税总额逐年上升，但实际上很难利用车船购置税种来缓解交通的拥挤和减轻大气污染，而更多的是采用交通管制手段，如限制发放新车牌号、增收汽车增容费以及实行“单双号”制等。另一方面，现行的税制不能体现出“谁用路多，谁多交税”的公平合理原则[33]。

## 五、城镇土地使用税和耕地占用税

### （一）城镇土地使用税

城镇土地使用税是对在城市、县城、建制镇、工矿区范围内使用土地的单位和个人按实际占用的土地面积征收的一种税。我国于 1988 年 11 月开征城镇土地使用税，通过使企业和个人有偿使用土地，一方面促使土地使用者节约、合理用地，避免土地的低效或无效使用，另一方面还能调节因地理位置、交通共用设施等造成的级差收入，进而为企业创造公平的竞争环境[51]。

城镇土地使用税从城市、县城、建制镇、工矿区范围内使用土地的单位和个人为纳税人，以纳税人实际占用的土地面积为计税依据，依照规定税额计算征收。土地使用税每平方米年税额如下：（1）大城市 1.5 ～ 30 元；（2）中等城市 1.2 ～ 24 元；（3）小城市 0.9 ～ 18 元；（4）县城、建制镇、工矿区 0.6 ～ 12 元[59]。

生态资源是环境保护的对象之一，城镇土地使用税的征税目的是通过税收的价格引导机制使土地利用者合理地使用土地，防止土地资源的浪费和不合理配置。对一些处于公共设施比较完善便利或者交通比较发达的区域，征收相对比较高的城镇土地使用税，可以促进不同区域之间企业的公平竞争[60]。

然而，该税种对城镇节约土地资源和合理使用土地基本上没有刺激作用，只不过是补充地方政府财政的一个很小的税种[33]。虽然我国现在强调重视加快城镇化建设的步伐，但是税收范围并没有因此而增加，反之在城市中有很多企业处于免征城镇土地使用税的地区之中，如城中村地区，在这种区域中对企业来说就是一个很好的“保护层”，他们不用缴纳城镇土地使用税，最终是土地资源配置低效。

### （二）耕地占用税

耕地占用税是我国对占用耕地建房或从事非农业建设的单位或个人所征收的一种税收。中国政府于 1987 年开始征收耕地占用税，2018 年立法。耕地占用税的开征是为了限制非农业建设占用耕地，加强对土地资源进行管理，缩减土地收入差距，规范土地所有者与国家之间的土地所有关系，促进农业生产的全面协调发展[50]。其作用主要表现在，利用经济手段限制乱占滥用耕地，促进农业生产的稳定发展；补偿占用耕地所造成的农业生产力的损失；为大规模的农业综合开发提供必要的资金来源。

耕地占用税以在中华人民共和国境内占用耕地建设建筑物、构筑物或者从事非农业建设的单位和个人为纳税人。以纳税人实际占用的耕地面积为计税依据，按照规定的适用税额一次性征收，应纳税额为纳税人实际占用的耕地面积（$m^2$）乘以适用税额。征税范围包括种植农作物耕地（含3年前曾用于种植农作物的耕地）、鱼塘、园地、菜地和其他农业用地，如人工种植草场和已开发种植农作物或从事水产养殖的滩涂等。一般而言，以县为单位，计算人均耕地面积，并根据人均耕地亩数的多寡决定耕地占用税的税额，通常而言，同一地区的耕地占用税均高于城镇土地使用税的税额[61]。耕地占用税采用定额税率[50]，主要根据不同地区人均占有耕地的数量和当地经济发展水平实行地区差别的幅度税额[33]，每平方米应税土地的年税额如表3-6所示。各地区耕地占用税的适用税额，由省、自治区、直辖市人民政府根据人均耕地面积和经济发展等情况在税额幅度内提出，但平均水平不得低于其平均税额[62]标准，具体见表3-7。一般来讲，经济发达、人口稠密、人均耕地较少、土地位置较好、非农业建设占用耕地问题突出的地区，耕地占用税定额税率就高一些；反之，经济发展水平相对较低、人口较少、人均耕地较多的地区，耕地占用税定额税率就低一些。耕地占用税收入的5%作为该税种的征收经费，其余专门用于建立地方农业发展基金，建设农业基础设施、增加农业的投资等来发展农业，以提供土地的使用效率[50]。

表3-6 耕地占用税的税额标准

| 占用人均耕地面积 | 税额标准 /（元 /$m^2$） |
|---|---|
| 不超过一亩 | 10～50 |
| 超过一亩但不超过二亩 | 8～40 |
| 超过二亩但不超过三亩 | 6～30 |
| 超过三亩 | 5～25 |

注：耕地占用税的税额计算以县、自治县、不设区的市、市辖区为单位。

表 3-7　各省、自治区、直辖市耕地占用税税额表

| 省、自治区、直辖市 | 平均税额 /（元 /m²） |
| --- | --- |
| 上海 | 45 |
| 北京 | 40 |
| 天津 | 35 |
| 江苏、浙江、福建、广东 | 30 |
| 辽宁、湖北、湖南 | 25 |
| 河北、安徽、江西、山东、河南、重庆、四川 | 22.5 |
| 广西、海南、贵州、云南、陕西 | 20 |
| 山西、吉林、黑龙江 | 17.5 |
| 内蒙古、西藏、甘肃、青海、宁夏、新疆 | 12.5 |

尽管耕地占用税的税额较低，对抑制乱占滥用耕地资源起到了一定的作用[33]。在环境保护方面，我国的耕地占用税的税收制度仍然存在一些需要改进的地方。首先，征税范围不够广泛，对于林地、湿地和滩涂资源则未被纳入征税范围。其次，总体税负依然偏低，耕地占用税每亩平均基准税额在 2 万元以上的省份仅有京津沪三地，1 万元以下的还有 6 个省区。现行耕地占用税按人均耕地面积来确定税额，人均耕地越少，税额越高，这样做有其道理，但不利于人均耕地较多的粮食大省保护耕地。从现在起至 2030 年，是我国工业化、城镇化快速发展的时期，对城市化的要求也越来越大，在加快发展的同时，必然会占用耕地进行工业开发，将会面临耕地保护和生态保护日益严峻的形势，所以中央和地方需要调整加强耕地占用税的征管[50]。

## 第二节　与环境保护相关的收费

### 一、矿区使用费

矿区使用费是矿产资源的所有人凭借其对资源的拥有权，对开采资源

收取的特许费用。其于 1990 年开始征收，目的是为促进国民经济的发展，扩大国际经济技术合作，鼓励开发我国陆上石油资源。

矿区使用费以在我国境内从事合作开采陆上石油资源的中国企业和外国企业为缴费人，按照每个油田、气田日历年度原油或者天然气总产量分别计征。原油和天然气的矿区使用费，均用定额实物缴纳，由税务机关负责征收管理。中外合作开采的油田、气田的矿区使用费，由油田、气田的作业者代扣，交由中国石油开发公司负责代缴。

按照地区地理位置不同，原油、天然气的矿区使用费分为位于青海、西藏、新疆三省、自治区及浅海地区和位于其他省、自治区、直辖市两种不同的“级差调节”，具体税率如表 3-8、表 3-9 所示[63]。

**表 3-8　中外合作油田原油适用矿区使用费费率表**

<table>
<tr><th>油田所在地</th><th>每个油田日历年度原油总产量</th><th>费率</th></tr>
<tr><td rowspan="7">位于青海、西藏、新疆三省、自治区及浅海地区</td><td>不超过 100 万吨的部分</td><td>免征</td></tr>
<tr><td>超过 100 万吨至 150 万吨的部分</td><td>4%</td></tr>
<tr><td>超过 150 万吨至 200 万吨的部分</td><td>6%</td></tr>
<tr><td>超过 200 万吨至 300 万吨的部分</td><td>8%</td></tr>
<tr><td>超过 300 万吨至 400 万吨的部分</td><td>10%</td></tr>
<tr><td>超过 400 万吨的部分</td><td>12.5%</td></tr>
<tr><td>不超过 50 万吨的部分</td><td>免征</td></tr>
<tr><td rowspan="6">位于其他省、自治区、直辖市</td><td>超过 50 万吨至 100 万吨的部分</td><td>2%</td></tr>
<tr><td>超过 100 万吨至 150 万吨的部分</td><td>4%</td></tr>
<tr><td>超过 150 万吨至 200 万吨的部分</td><td>6%</td></tr>
<tr><td>超过 200 万吨至 300 万吨的部分</td><td>8%</td></tr>
<tr><td>超过 300 万吨至 400 万吨的部分</td><td>10%</td></tr>
<tr><td>超过 400 万吨的部分</td><td>12.5%</td></tr>
</table>

表 3-9　中外合作气田天然气适用矿区使用费费率表

| 气田所在地 | 每个气田日历年度天然气总产量 | 费率 |
| --- | --- | --- |
| 位于青海、西藏、新疆三省、自治区及浅海地区 | 不超过 20 亿标立方米的部分 | 免征 |
| | 超过 20 亿标立方米至 35 亿标立方米的部分 | 1% |
| | 超过 35 亿标立方米至 50 亿标立方米的部分 | 2% |
| | 超过 50 亿标立方米的部分 | 3% |
| 位于其他省、自治区、直辖市 | 不超过 10 亿标立方米的部分 | 免征 |
| | 超过 10 亿标立方米至 25 亿标立方米的部分 | 1% |
| | 超过 25 亿标立方米至 50 亿标立方米的部分 | 2% |
| | 超过 50 亿标立方米的部分 | 3% |

## 二、矿产资源补偿费

矿产资源补偿费是为了保障和促进资源的勘查、保护和合理开发，维护国家财产权益而对在中华人民共和国领域和其他管辖海域依法开采矿产资源的单位和个人征收的一种行政性收费。矿产资源补偿费于 1994 年开始由地质矿产主管部门会同财政部门征收，以在中华人民共和国领域和其他管辖海域开采矿产资源采矿权人为缴费人，征收对象是经过开采和采选后，脱离自然状态的矿产品，如原油、原煤、原矿石等。计征依据是矿产品的销售收入，采用定额税率，征收标准根据矿种的不同采取差别比例费率，同时结合核定开采回采率和实际开采回采率进行计算征收的。企业缴纳的矿产资源补偿费列入管理费用。采矿权人对矿产品自行加工的，按照国家规定价格计算销售收入；国家没有规定价格的，按照征收时矿产品的当地市场平均价格计算销售收入；采矿权人向境外销售矿产品的，按照国际市场销售价格计算销售收入。矿产资源补偿费计算如下：

矿产资源补偿费征收金额 = 矿产品销售收入 × 费率 × 开采回采率系数（核定开采回采率与实际开采回采率之比）

运用开采回采率系数的实际结果计算征收金额，实际开采回采率高于核定开采回采率，开采回采率系数小于1，相应少缴，反之多缴，充分发挥开采回采率系数的引导和调节作用。

矿产资源补偿费属于政府非税收入，全额纳入国家财政预算管理，实行专项管理，主要用于矿产资源勘查。征收的矿产资源补偿费，应当及时全额就地上缴中央金库，年终按照规定的中央与省、自治区、直辖市的分成比例，单独结算。中央与省、直辖市矿产资源补偿费的分成比例为5∶5；中央与自治区矿产资源补偿费的分成比例为4∶6[64]。

## 三、生活垃圾处理费

生活垃圾处理费是居民获得生活垃圾处理服务所应支付的费用，于2002年开始实施，遵循“污染者付费”原则，是固体废物环境负效应内部化的一种方式，该收费的征收有利于减少固体废物的产生。

生活垃圾处理费以所有产生生活垃圾的国家机关、企事业单位（包括交通运输工具）、个体经营者、社会团体、城市居民和城市暂住人口等为缴纳对象，以城市人口在日常生活中产生或为城市日常生活提供服务而产生的固体废物，以及法律、行政法规规定视为城市生活垃圾的固体废物（包括建筑垃圾和渣土，不包括工业固体废物和危险废物）为计费依据。按照垃圾处理产业化的要求，环卫企业收取的生活垃圾处理费为经营服务性收费，其收费标准应按照补偿垃圾收集、运输和处理成本，合理盈利的原则核定，并区别不同情况，逐步到位。垃圾收集、运输和处理成本主要包括运输工具费、材料费、动力费、维修费、设施设备折旧费、人工工资及福利费和税金等。生活垃圾处理费收费标准，由城市人民政府价格主管部门会同建设（环境卫生）行政主管部门制定，报城市人民政府批准执行，并报省级价格、建设行政主管部门备案。目前垃圾处理费仍按行政事业性收费管理的，未来将结合环卫体制改革，推进其向经营服务性收费转变。

生活垃圾处理费本着简便、有效、易操作的原则，按不同的收费对象采取不同的计费方法，并按月计收。对城市居民，可以以户或居民人数为单位收取；对纳入城市暂住人口管理的居民以及国家机关、事业单位，可以以人为单位收取；对生产经营单位，商业网点可以按营业面积收取；船舶、列车及飞机等交通工具可以按核定的载重吨位或座位收取；其他生产经营单位产生的生活垃圾，原则上以人为单位计收，生产垃圾处理费与工业废物垃圾处理费不得相互重复计收。具备条件的城市可以按照生活垃圾量计收垃圾处理费。对下岗职工自谋职业者和城市下岗职工、失业人员及低保对象，应实行收费减免政策。垃圾处理费的具体计收办法和收费减免办法由城市人民政府根据实际情况制订[65]。

## 四、污水处理费

污水处理费是城市污水集中处理设施按照规定向排污者提供污水处理的有偿服务而收取的费用，目的是规范污水处理费征收使用管理，保障城镇污水处理设施运行维护和建设，防治水污染，保护环境。

污水处理费以向城镇排水与污水处理设施排放污水、废水的单位和个人（以下称缴纳义务人）为征收对象。使用公共供水的单位和个人，其污水处理费由城镇排水主管部门委托公共供水企业在收取水费时一并代征，并在发票中单独列明污水处理费的缴款数额。一般情况下，污水处理费包含在水费里面。水费包括基本水费、城市附加费、水资源费、污水处理费、南水北调基金、水厂建设费、省专项费（根据省市收费不同，构成不同）。污水处理费收费者和缴费者是合同关系或委托关系。污水处理费的征收标准，按照覆盖污水处理设施正常运营和污泥处理处置成本并合理盈利的原则制定，由县级以上地方价格、财政和排水主管部门提出意见，报同级人民政府批准后执行。污水处理费按照“污染者付费”原则，由排水单位和个人缴纳并专项用于城镇污水处理设施建设、运行和污泥处理处置的资金，属于政府非税收入，全额上缴地方国库，纳入地方政府性基金预算管理，实行专款专用[66]。

对我国而言，近期宜致力于逐步提高污水处理费的标准，以通过几年的努力达到补偿污水处理厂的建设成本、运行成本和管网的维护成本，并将污水处理费由现在的城市逐步扩大到城镇，从而改革现在的污水运行的机制，推进市场化，提高污水处理的效率[61,67]。

## 五、水资源费

水资源费是指直接从江河、湖泊或地下取用水资源的单位和个人，取得取水许可证后，按取水量缴纳的有偿使用费用。由于各地水资源管理发展进程不同，水资源费政策不尽一致，因此财政部、国家发展和改革委员会、水利部联合制定了《水资源费征收使用管理办法》，并于 2009 年 1 月 1 日正式施行。

水资源费由县级以上地方水行政主管部门按照取水审批权限负责征收。其中，由流域管理机构审批取水的，水资源费由取水口所在地省、自治区、直辖市水行政主管部门代为征收。水资源费征收标准由各省、自治区、直辖市价格主管部门会同同级财政部门、水行政主管部门制定，报本级人民政府批准，并报国家发展和改革委员会、财政部和水利部备案。其中，由流域管理机构审批取水的中央直属和跨省、自治区、直辖市水利工程的水资源费征收标准，由国家发展和改革委员会同财政部、水利部制定。 水资源费缴纳数额根据取水口所在地水资源费征收标准和实际取水量确定。所有取水单位和个人均应安装取水计量设施。因取水单位和个人原因未安装取水计量设施或者计量设施不能准确计量取水量的，由水行政主管部门按照其最大取水能力核定取水量，并按核定的取水量确定水资源费征收数额。除南水北调受水区外，县级以上地方水行政主管部门征收的水资源费，按照 1 ∶ 9 的比例分别上缴中央和地方国库。水资源费属于政府非税收入，全额纳入财政预算管理，由财政部门按照批准的部门预算统筹安排。其中，中央分成的水资源费纳入中央财政预算管理，省、自治区、直辖市以下各级分成的水资源费纳入地方同级财政预算管理。水资源费专项用于水资源的节约、保护和管理，也可以用于水资源的合理开发。

2008 年印发的《水资源费征收使用管理办法》从制度层面上分别对水资源费的征收范围、计征方式、征收主体，取水计量装置的安装，申报和核定，中央与地方解缴比例，水资源费征收票据和使用范围等方面都作了明确规定，从而进一步完善了水资源有偿使用制度，加强了水资源的节约、保护和管理[68]。

此外，为促进水资源节约、保护和合理利用，财政部、国家税务总局、水利部 2016 年 5 月 9 日印发《水资源税改革试点暂行办法》，于 2016 年 7 月 1 日起在河北省实施水资源税改革试点，如果未来条件成熟，水资源费将在全国实现清费改税[69]。

## 六、燃油附加费

因油价上涨，运输公司营运成本增加，为转嫁额外负担而加收的费用，航空或出租车公司收取的反映燃料价格变化的附加费，亦是由国家发展和改革委员会和民航总局为合理疏导国内燃油价格变动对运输成本的影响，制定的一种变相补贴政策。该费用以每运输吨多少金额或者以运费的百分比来表示，有的航线按运费吨加收一定金额。航空燃油附加费这一高油价时代的产物，是为适当缓解油价大幅上涨给航空公司带来的成本增支压力。

我国的燃油附加费涉及航空客运燃油附加税费、出租车燃油附加税费、班轮燃油附加税费。2009 年 11 月起，国内机票燃油费与航空煤油实行价格联动机制，燃油费的收取标准按长短航线分 800km（含）以下航线、800km 以上航线两档定额计算。自 2018 年 12 月 5 日（出票日期）起，国内航线成人旅客燃油附加费调整征收标准如下：800km 以上航段每位旅客收取 30 元燃油附加费，800km（含）以下航段每位旅客收取 10 元燃油附加费。

此外，部分大中型城市实施了出租车燃油附加收费制度，采用按次定额征收方式[61]。2009 年以来，成品油价格不断上涨，出租车经营压力不断增加。为降低油价波动对行业和乘客影响，考虑出租车计价器调整及以往燃油附加费调整情况，北京出租汽车燃油附加费变动采用定期测算加权（按照油价执行天数加权）变动幅度的方法，同时根据北京出租车载客耗油情况，油价每上涨（或下降）0.8 元 /L 需加收（或降低）1 元燃油附加费，设置了以 3 个月作为 1 个调整周期和以 0.8 元 /L 作为调整条件。河北省唐山市、秦皇岛市也已率先启动了出租汽车运价与成品油价格联动机制。

## 第三节　与环境保护相关的税收优惠

其他税种，如增值税和企业所得税，虽然其征收文件中没有与环境直接相关的条款，但是通过减少或免除相关税收来鼓励企业采用节能减排技术，降低污染物排放，引领消费者环保消费，保护环境。

### 一、增值税

增值税是中国最主要的税种之一，由国家税务局负责征收，税收收入中 75%为中央财政收入，25%为地方收入。进口环节的增值税由海关负责征收，税收收入全部为中央财政收入。纳税人为我国境内销售货物或者提供加工、修理修配劳务以及进口货物的单位和个人，按照定额税率的方式以销售额为计税依据。增值税的征税范围包括：销售和进口货物、提供加工及修理修配劳务。货物是指有形动产，包括电力、热力、气体等，不包括不动产；加工是指受托加工货物，即委托方提供原料及主要材料，受托方按照委托方的要求制造货物并收取加工费的业务；修理修配是指受托对损伤和丧失功能的货物进行修复，使其恢复原状和功能的业务。

现行增值税中所涉及有关企业“三废”和综合利用项目、再生资源项目的税收减免，包括免税、先征后退、即征即退增值税的税收优惠措施。为了进一步推动资源综合利用工作，促进节能减排，国务院决定调整和完善部分资源综合利用产品的增值税政策。财政部、国家税务总局于2008年12月联合下发了《关于资源综合利用及其他产品增值税政策的通知》（财税［2008］156号）和《关于再生资源增值税政策的通知》（财税［2008］157号）等文件。对资源的综合利用和再生资源的循环利用，不仅可以变废为宝、节约资源，还可以通过减少污染物排放，促进环境保护，对于建设资源节约型和环境友好型社会意义重大。资源综合利用是在矿产资源开采过程中对共生、伴生矿进行综合开发与合理利用，对工业生产过程中产生的废渣、废水（液）、废气、余热余压等进行回收和合理利用。再生资源是指在社会生产和生活消费过程中产生的，已经失去原有全部或部分使用价值，经过回收、加工处理，能够使其重新获得使用价值的各种废弃物，包括废旧金属、报废电子产品、报废机电设备及其零部件、废造纸原料（如废纸、废棉等）、废轻化工原料（如橡胶、塑料、农药包装物等）、废玻璃等。这两项政策分别从鼓励资源的回收和利用两个环节着手，使更好地发挥了税收政策引导流通、生产的作用，从而促进我国循环经济的发展和产业结构的调整、经济发展方式转变[68]。

## 二、企业所得税

企业所得税是对我国内资企业和经营单位的生产经营所得和其他所

得征收的一种税。纳税人为我国企业和其他取得收入的组织（以下统称企业），税率为25%。企业所得税的征收涉及企业生产、经营的全过程，是一个调节手段灵活、调节作用强的税种。企业所得税的一些相关优惠政策也可以直接或间接地鼓励、促进企业节能减排和环境保护[51]，主要体现在以下两方面。

一是环境保护、节能节水项目。对符合条件的环境保护、节能节水项目，包括公共污水处理及垃圾处理、沼气综合开发利用、节能减排技术改造、海水淡化等企业的收入，自项目取得第一笔生产经营收入所属纳税年度起，第一年至第三年免征，第四年至第六年减半征收。企业购置用于环境保护、节能节水等专用设备的投资额，可以按一定比例实行税额抵免。专用设备必须符合《环境保护专用设备企业所得税优惠目录》《节能节水专用设备企业所得税优惠目录》的规定[68]。

二是资源再利用项目。企业综合利用资源产品收入，可以在计算应纳税所得额时减计收入。其减计收入是指企业以《资源综合利用企业所得税优惠目录》规定的资源作为主要原材料的减按90%计入收入总额[68]。

# 第四章　环境保护税法背景分析

从环境保护伊始，环境管理也随之诞生。在我国目前有命令控制性、经济刺激性和劝说鼓励性三种环境管理手段，每一种手段都有其适用范围，三者相辅相成。环境保护税是经济刺激性的利用市场型手段，对于完善我们现有的环境管理体系具有重要意义。因此，《环境保护税法》的正式实施，不仅只是排污收费制度法律位阶的提升，更是我国推动市场手段解决实际问题的一种成熟标志。

## 第一节　环境管理的内涵与发展

### 一、环境管理的概念

1974年，联合国环境规划署（United Nations Environment Programme，简称UNEP）和联合国贸易与发展会议（United Nations Conference on Trade and Development，简称UNCTAD）联合召开了“资源利用、环境与发展战略方针”专题讨论会，提出协调环境与发展目标的方法就是环境管理。环境管理的概念也首次被正式提出。同年，修埃尔在其《环境管理》一书中指出：“环境管理是对损害人类自然质量的人为活动（特别是损害大气、水和陆地外貌质量的人为活动）施加影响”[70]。经过三十多年的发展，环境管理的概念受到环境科学、管理学、经济学、生态学等理论的巨大影响，其概念和内容得到了不断的完善和发展。北京大学叶文虎教授认为：环境管理是通过对人们自身思想观念和行为进行调整，以求达到人类社会发展与自然环境的承载能力相协调[71]。王顺祺认为，环境管理是指在环境容量允许的条件下，以环境科学技术为基础，运用诸如法律的、经济的、行政的、技术的以及宣传教育的手段来对人类影响环境的活动进行调节和控制，规范人类的环境行为，其目的是协调社会经济发展与环境的关系，保护和改善生活环境和生态环境，防治污染和其他公害，保护人体健康，促进社会经济的可持续发展[72]。后者是对前者更为具体的说明。因此，环境管理运用多种手段更新人类社会的生存发展观念，调整人类社会的行为，涉及人类生产生活的各个领域，是对传统学科的综合与创新，是一项复杂的系统工程。

要明确环境管理的意义，就应当界定环境管理的体系框架，也就是回答为什么管理（管理目标）、谁管理（管理主体）、管理谁（管理客体）和怎样管理（管理手段）的问题[71]。环境管理涉及的领域众多、地域范围广泛，笔者结合目前我国的环境管理现状，整理出环境管理的管理体系构成（如表 4-1 所示）[73]。

表 4–1　环境管理的管理体系

| 管理体系 | 具体内容 |
|---|---|
| 管理目标 | 人与自然的和谐相处，实现可持续发展 |
| 管理主体 | 政府、企业、公众 |
| 管理客体 | 政府行为、企业行为和公众行为 |
| 管理对象 | 物质流、能量流、资金流、信息流、人口流 |
| 管理手段 | 命令控制性手段、经济刺激性手段、劝说鼓励性手段 |

我国环境管理的模式框架可用图 4-1 表示，可持续发展战略、环境保护方针政策、环境管理手段、环境管理制度构成了一个系统整体，它们之

间相互联系、不可分割。环境管理手段是环境保护的基础，在此基础上，遵循环境保护的基本原则，改革和完善现有的环境管理制度，建立新的环境管理制度，都是为实现可持续发展的战略目标服务[73]。

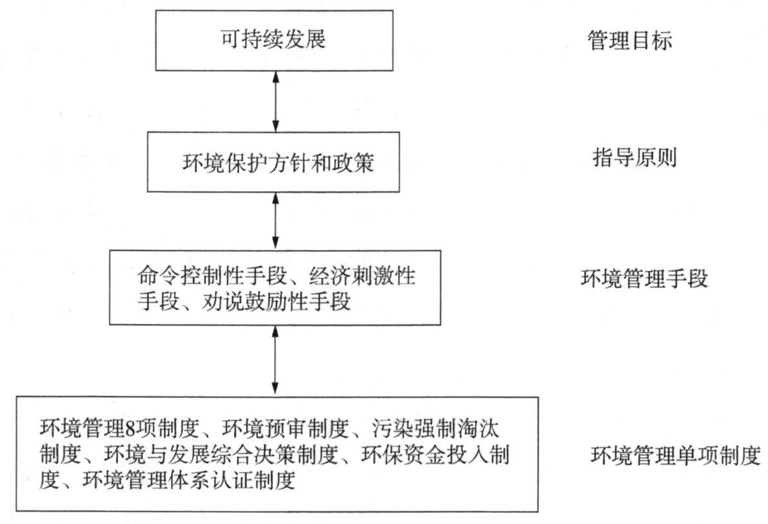


图 4-1　环境管理模式框架

## 二、环境管理发展历程

1972 年在斯德哥尔摩召开的人类环境会议上初步阐明了发展与环境的关系，提出了环境管理的概念——在制订经济发展计划、实施经济发展计划以及检查评价经济发展计划的整个过程中，都重视经济发展对环境的影响，贯彻环境保护的要求。综观全世界环境管理模式的发展趋势，一般都经历了三个阶段。第一阶段是基于政府主导的命令与控制方法，通过行政手段实现污染控制。环境管理从产业革命产生环境污染起就出现了，由最初就事论事，逐步发展为由政府通过制定法律法规和技术标准，采取行政控制方式进行管理。不过由于经济社会的不断发展变化，环境管理的范围不断扩大，涉及领域从最初的城镇垃圾和污水问题到全球气候变化问题；管理方式也从采取一些末端技术处理措施，到力求改变生产生活方式和社会文化；从传统的政府直接控制，到政府、企业和民间社会的综合调控。第二阶段是基于市场机制，政府使用经济刺激手段，推动企业实行清洁生产和科学化管理，从源头上减少废弃物的产生。20 世纪 90 年代初以来，一些国家和国际社会特别是学术界，开始反思传统的政府直接控制方式的不足和弊端，一些新的环境管理思潮出现，强调更多地应用市场经济手段，倡导在政府和企业之间建立合作伙伴关系，把公众参与作为有效的社会调控机制[74]。第三阶段是进一步调整和理顺政府、企业和公众在环境保护中的作用和关系，实行信息公开化，实现公众监督，倡导文明生产和生活。目前，西方国家建立了以政府直接控制为主，以市场手段为辅，倡导企业和公众自觉行动的混合型环境保护管理体系[75]。

自新中国成立以来，在经济建设迅猛发展的同时也带来了环境资源的巨大破坏。由于我国自然生态与环境先天脆弱[76]，加之人口众多，导致本应在不同发展阶段出现的生态与环境问题在短期内集中体现和爆发出来，生态与环境问题表现出显著的系统性、区域性、复合性和长期性特征。同时，我国仍处于发展中国家，市场经济体制未完善，技术相对较为落后，法制体系也尚未健全，因此面临着比发达国家更大的边际破坏成本[77]。我国在借鉴发达国家环境治理经验的过程中也走出了一条符合中国国情的环境管理之路。总体来看，可以分为以下三个阶段。

### （一）环境意识觉醒阶段（1949—1978 年）

这一时期我国环境保护意识逐渐觉醒，环境问题开始出现，环境政策也开始从最初的对自然环境资源保护向防治污染和环境保护过渡，环保机构逐渐设立，但是环境管理仅限于对“三废”和噪声污染的管理[78]，以污染的末端治理为主。

1972 年以前，我国还没有形成明确的环境管理概念，在全国范围内尚未建立起环境管理体系和相应的机构，只是在一些地区和个别部门设立了“三废”管理处（或科），以及综合利用办公室等[78]。如上海市1963年在环境卫生管理局设置了废渣管理所和废水废气管理处，处于被动管理“三废”状态[79]。随着我国在联合国合法席位的恢复，1972年，我国政府派员参加了在斯德哥尔摩召开的人类环境会议。从此人们认识到环境污染不仅是资本主义国家的专利，社会主义国家也会产生此问题。1973年8月，国务院召开第一次全国环境保护会议，审议通过了“全面规划、合理布局、综合利用、化害为利、依靠群众、大家动手、保护环境、造福人民”的环境保护工作“32字方针”和我国第一个环境保护文件——《关于保护和改善环境的若干规定》，开始在全国各省、自治区、直辖市建立环境管理机构——“三废”治理办公室。1974年5月国务院环境领导小组成立，领导小组组长由时任国家计委主任余秋里兼任、副组长由时任国家基建委主任谷牧兼任、委员由当时国务院有关部门负责同志兼任，聘请科学家担任顾问。虽然通过制定政策、行政法规和标准来控制环境污染，但环境管理只是作为环境保护部门的日常行政工作，还没有提到各级政府的议事日程，环保与经济发展没有结合起来，处于“两张皮”的状态。

### （二）环境管理发展阶段（1978—1992年）

在这一时期环境管理取得了较大的进展，以协调发展论为基础，制订了正确的战略方针，并已初步配套建立了统一的组织管理体系，明确了业务范围及应有的职能。环境管理逐步从污染治理扩展到源头控制，实现了环境保护工作的法制化。此外，人们开始通过对自然资源与环境的价值评估，试图将环境污染的外部成本内部化，以期从经济学根源上解决污染问题[80]。

1978年3月，第五届全国人民代表大会第一次会议通过新宪法，首次在宪法中写入了有关环境保护的规定。1978年12月，中国共产党的十一届三中全会把环境管理提高到同经济和科学技术同等重要的地位。

同时中共中央批转了国务院环境保护领导小组的《环境保护工作汇报要点》，第一次以党中央的名义对环境保护工作作出指示。1979 年 3 月，由李超伯同志主持在四川省成都市召开了全国环境保护工作会议，提出了“加强全面环境管理，以管促治”的方针。1979 年 9 月，颁布了《中华人民共和国环境保护法（试行）》，从此环境管理进入了法制阶段，有了全面环境管理的概念。1980 年 2 月在太原市召开了中国环境管理、经济与法学第一次代表会议，成立学会组织并举行了学术讨论会。会议提出要把环境管理放在环境保护工作的首位，环境保护应纳入国民经济计划，进行综合平衡，且明确了环境管理是环境科学的重要分支学科。会后编辑出版了论文集《试论环境管理》，这是我国第一本环境管理论文集。1982 年环境管理概念有较大的发展，1982 年 5 月，我国成立了城乡建设环境保护部，明确了环境管理的业务范围[78]。1982 年 8 月，在北京召开的工业系统防治污染经验交流会上，时任国家计委副主任房维中同志阐述了我国发展战略的指导思想：讲求效益，保证经济持续发展；人口—资源—环境相结合，经济—技术—社会发展相结合协调发展；建立低能耗（低消耗）、高效率的社会经济结构。这些观点清楚地说明了发展经济与保护环境的辩证关系。1982 年 12 月，在南京市召开了全国环境保护工作会议，时任城乡建设环境保护部部长李锡铭同志在报告中提出：“环境管理是从宏观上、战略上和规划上研究解决环境问题，经济建设与环境建设协调发展同步前进”[78]。在此基础上，1983 年第二次全国环境保护工作会议提出“经济建设、城乡建设与环境建设同步规划、同步实施、同步发展，达到经济效益、社会效益与环境效益的统一”[78]，即所谓的“三同步”“三统一”，并确定环境保护是中国的一项基本国策。这使我国的环境管理从理论认识上产生了飞跃，而且制订了正确的战略方针[79]。至此，广义的环境管理概念已经形成，可以概括为：通过全面规划，协调发展与环境的关系；运用经济、法律、技术、教育及行政等手段，限制人类损害环境质量的活动；达到既要发展经济满足人们的基本需要，又不超出环境的容许极限[78]。1974年，国务院环境保护小组正式成立，1982年5月，组建城乡建设环境保护部，部内设环境保护局。1984年5月成立了国务院环境保护委员会，由副总理李鹏兼任主任，环境管理的范围进一步扩大。1988年，国务院机构改革国家环境保护局从城乡建设环境保护部中独立出来，成为国务院直属机构（副部级）；1989年4月，国务院召开第三次环境保护会议，提出积极推行深化环境管理的环境保护目标责任制、城市环境综合整治定量考核制、排放污染物许可证制、污染集中控制和限期治理5项新制度和措施，连同继续实行环境影响评价、“三同时”、排污收费3项老制度，使中国环境管理走上科学化、制度化的轨道。

以此为动力，各地方政府、各部委和中国人民解放军均成立了环保机构，具有中国特色的环境管理、环境监理、环境监测机构遍及城乡，环保员制度的实施，更使环境管理网络趋于完善。在教育方面，很多大学设置了环境保护专业，成立了苏州城建环保学院，湖南环保学校等部属院校，以及以环境保护在职人员培训为主的秦皇岛干部学院，这一切都促进了专业环境管理干部的成长，在环境管理队伍不断壮大的同时，从业人员素质得到了提高。中小学开设了环境保护常识教育，新闻界加大了环境宣传力度，一个多层次的环境宣传教育体系业已形成。同时，我国颁布了十几部环境保护法律，建立了环保法律体系的骨架[79]。

### （三）环境管理成熟阶段（1992年至今）

随着可持续发展思想的提出，人们对环境问题的认识提高到一个新的境界，我国环境管理战略实现了政策—管理—科技顺序逆转的转移，环境保护工作也逐步形成了以强化环境管理为中心的转变。主要是从末端治理扩展到源头治理与过程控制，形成了以全面规划，合理布局为龙头，全面贯彻落实环境保护制度。

1992 年 6 月联合国环境与发展大会之后，我国在世界上率先提出了《环境与发展十大对策》，第一次明确提出转变传统发展模式，走可持续发展道路。随后我国又制定了《中国 21 世纪议程》《中国环境保护行动计划》等纲领性文件，可持续发展战略成为我国经济和社会发展的基本指导思想。1993 年 10 月召开了全国第二次工业污染防治工作会议，总结了工业污染防治工作的经验教训，提出了工业污染防治必须实行清洁生产，实行“三个转变”，即由末端治理向生产全过程控制转变，由浓度控制向浓度与总量控制相结合转变，由分散治理向分散与集中控制相结合转变。这标志着我国工业污染防治工作指导方针发生了新的转变。党的十四届五中全会、十五大和十五届三中全会，都提出了实施可持续发展战略，实行计划经济体制向社会主义市场经济体制、粗放型经济增长方式向集约型经济增长方式两个根本性转变。可持续发展成为其指导国民经济和社会发展的总体战略，环境保护成为改革开放和现代化建设的重要组成部分。1996 年 7 月，国务院召开第四次全国环境保护会议，国务院做出了《关于加强环境保护若干问题的决定》，明确了跨世纪环境保护工作的目标、任务和措施。江泽民总书记发表重要讲话，指出“保护环境的实质是保护生产力”。这次会议确定了坚持污染防治和生态保护并重的方针，实施《污染物排放总量控制计划》和《跨世纪绿色工程规划》两大举措。全国开始展开了大规模的重点城市、流域、区域、海域的污染防治及生态建设和保护工程，环境保护工作进入了崭新的阶段。1998 年，国家环境保护局升格为国家环境保护总局（正部级）。中央连续数次就人口、环境和资源问题召开座谈会，党和国家领导人直接听取环保工作汇报。强调环保工作必须党政一把手”亲自抓、负总责”，做到责任到位，投入到位，措施到位；要求建立和完善环境与发展综合决策、统一监管和分工负责、环保投入、公众参与四项制度，把环保工作纳入制度化、法治化的轨道；要求各级领导干部要注意“算大帐”，对环境保护工作，不仅 20 世纪这几年要抓紧抓好，21 世纪也要抓紧抓好，在整个社会主义初级阶段都要抓紧抓好。2002 年党的十六大提出，在发展道路上要走新型工业化道路。2003 年，中央明确提出了“全面、协调、可持续的科学发展观，中国的环境保护工作再上新台阶，从单纯的防污治污扩展到以人为本的生态文明建设[75]。2006 年 3 月我国“十一五”规划纲要中提出了“主体功能区”的概念。2006 年 4 月第六次全国环境保护大会提出加快实现环保工作的“三个转变”。2007 年 6 月 3 日发布《国务院关于印发节能减排综合性工作方案的通知》打响了节能减排的发令枪，使节能减排工作大范围展开，成为全社会参与的国家大事。此外，2007 年第一次全国污染源普查工作开创了主动掌握污染源动态，并在核查城镇生活污染源上取得了突破[77]。2008 年 3 月，国家环境保护总局升格为环境保护部，成为国务院组成部门。2018 年 3 月，第十三届全国人民代表大会第一次会议批准的国务院机构改革方案，将环境保护部的职责整合，组建中华人民共和国生态环境部。

面对新时期的环境压力，我国经济制约型的环境管理战略仍然具有很大的被动性和局限性。目前仍处于政府主导的直控型阶段，主要依靠强制命令来实现环境保护的目标，实质上依旧没有跳出被动治理的局面，而仅仅将“治污”的尺度向源头延伸，难以遏制环境污染蔓延，扭转环境恶化的趋势。新时期我国必须实施以调控发展为核心的主动引导发展环境战略，通过改变发展空间布局、转变经济发展模式、转变居民生活方式与引导对外合作公平利用全球环境资源等战略措施以实现生态环境与经济社会的和谐与可持续发展[77]。

## 三、环境管理手段类型

环境管理按照政府直接管制程度从高到低，可以划分为命令控制性手段、经济激励性手段和劝说鼓励性手段[81]，三类手段又可细分为不同种类和具体手段名称，我国环境管理体系如图 4-2 所示。

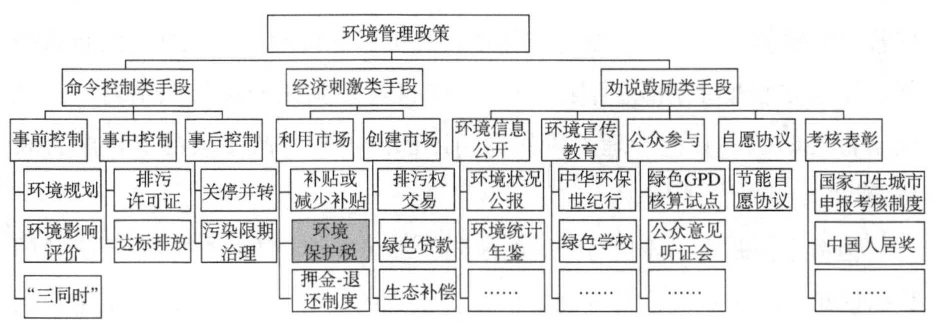


图 4-2　环境保护税在环境管理手段中的位置

## （一）命令控制性手段

命令控制性手段是指国家行政部门根据相关的法律、法规和标准等，对生产者的生产工艺或使用产品的管制，禁止或限制某些污染物的排放以及把某些活动限制在一定的时间或空间范围，最终影响排污者的行为。它是在市场经济条件下环境失衡迫使政府进行干预的产物，适用范围最广。因为管制的效果更加直接明显，政府一般更愿意通过管制来限制负外部性的产生，所以它是最常见的解决环境问题的方法，在我国环境政策中的运用也最为广泛。其按照实施时间的不同可以分为三类：一是事前的环境污染控制手段，如环境规划、环境影响评价和“三同时”制度；二是事中的环境污染控制手段，如排污许可许可证、达标排放；三是事后的环境污染控制手段，如关停并转和污染限期治理。

命令控制性手段的优势主要表现在：（1）针对性强。它能因事、因地、因时制宜地处理复杂的环境问题，有针对性地发出行政指令。（2）执行迅速、有力。行政管理网络是实现经济与环境协调发展的必要条件，借助政府的各级行政管理系统，能有效地发挥高层领导的规划、决策作用，依靠行政权威，形成政府的环境综合决策机制，对各地区、各部门、各行业之间的环境管理活动实行组织、指挥、协调和控制，集中力量办大事，加强生态环境监管力度，从而促使环境管理目标的有效实现，并充分发挥管理的整体效能。（3）事先控制性。它可以通过对当事人行为的直接控制，在一定程度上预防污染的发生，或将其限制在一定的范围内，管理效果直接明确。其他管理手段的运用，都离不开行政手段的有机配合和协调。

但命令控制性手段也有一定的缺陷[82]：（1）为了制定政策需要大量的数据信息，而企业又没有主动提供此类信息的动力和压力，以及制定后的执行，使得管制的成本高昂。（2）管制缺乏灵活与应变，一项新的行政制度的形成及推行，往往经历较长时间，这就使得命令控制性手段对出现的新问题、新情况的反应相对迟缓[82]。（3）管制政策存在着“一刀切”的现象，很难考虑到企业间的具体差异，这些都会直接影响到命令控制性手段的管理效率和效果。（4）管制手段缺乏激励，不能够刺激企业或者个人的自觉性、创造性[41]。

### （二）经济激励性手段

经济激励性手段是指通过市场力量以经济刺激的方式来影响当事人环境行为的政策，其动力来自与当事人环境行为密切相关的经济利益。政府管理当局从影响成本—效益入手，利用经济利益来驱动当事人环境行为的相关费用及效益，使环境成本内部化，以便最终有利于环境改善。经济激励性政策也需要法律法规的支持，具有间接强制性。经济刺激性手段通常划分为两类：一类是侧重于政府干预的经济手段（即庇古手段或利用市场型手段），如环境资源税、环境污染税、排污收费、产品收费、环保补贴、押金 - 退还制度等；另一类是侧重于市场机制的经济手段（即科斯手段或创造市场型），如自愿协商制度、排污交易制度、生态补偿制度等[83]。

经济刺激性手段想要获得好的实施效果，需要满足以下条件：（1）需要足够的经济刺激。经济刺激手段能够使相关经济主体拥有选择权，即经济主体基于经济利益的考虑，可以在不同的方案之间进行选择，选择能够使自己获益最大的方案。（2）政府与市场、企业、公民需要在市场经济体制中各司其职。在市场经济体制下，政府应该是市场秩序维护者、企业的监督者和服务者、公众利益的维护者和协调者。只有这样，才能保证同等对待。（3）政府和市场规范需要成熟的市场主体。经济手段刺激作用的发挥有赖于市场主体能够对市场信号的改变及时做出适当的反应，包括能获得并准确理解市场价格信号变化的信息、产权明晰等。（4）需要法律的保障和良好的监测技术。经济激励性政策在实施过程中需要法律法规的保障，指导某些措施的实际操作。如排污权交易制度的实际操作规范等。良好的监测技术也就是市场的监督，要求其简单、可靠、成本低。

随着市场经济的发展和完善，经济激励性手段的优势日益凸显。该手段的运用使得环境管理行为直接与成本—效益相连，利用市场机制，以最低的成本达到所需的环境效果，并实现资源的最佳配置，达到市场均衡。灵活、多样的经济手段还为政府和污染者提供了管理上的可选择性，双方均可根据具体情况，选择有利用自身的方案，可以极大地降低双方的管理执行成本，提高管理效率。通过自主选择的空间越大，社会福利改善的可能性也就越大。经济手段还可为企业提供经济刺激作用，激发其进行污染控制技术、清洁生产、环保产品的创新，并实施生态管理[82]。

经济手段的缺点主要表现在：由于污染物对环境的负面影响具有潜在性、长期性，加上多种污染物综合作用产生的累积效果，使得污染原因具有不确定性，所以，准确计量环境损失是相当困难和复杂的。如何对不同的污染物排放确定合理的价格，并科学地规定各种污染物的允许排放量，对环境损失进行有效的控制、合理的分配，一直是管理实践中的难点。而且，经济手段刺激技术更新的作用仅限于当这些新技术的获得比较容易且企业可以从中获得利益时的情况[82]。

### （三）劝说鼓励性手段

狭义的劝说鼓励性手段是一种基于意识转变和道德规劝影响人们环境保护行为的环境政策手段。在运用此手段时，管理者首先需依据一定的价值取向，倡导某种特定的行为准则或者规范，对被管理者提出某种希望，或者与其达成某种协议。广义的劝说鼓励性手段是指除了命令控制性和经济刺激性手段以外的所有环境政策手段，如环境信息公开、环境宣传教育、考核与表彰等，这也是本节所讨论的范围。根据干系人（各级政府、企业和公众）认识环境问题的过程，即获取信息、教育学习、参与活动、监督管理等顺序，通常采用的劝说鼓励性手段可分为环境信息公开、环境宣传教育、公众参与、考核表彰及自愿协议等形式。目前主要的劝说鼓励性环境政策的形式见图 4-2。环境信息公开是指环境管理者依据一定的规则，经常或者不定期公开环境信息，如污染事故的通报、国家或地区环境状况报告，以及污染可能对人体健康造成的影响。环境宣传教育是环境管理者通过各种途径对公民进行说明、讲解、教导、启发等，使人们了解和掌握环境资源方面的知识、技能，促使人们改变观念和行为，促进绿色文明的价值观、道德观、经济观和发展观在社会落地生根，在全社会形成良好的环境道德氛围。公众参与主要是公众个人层面及环境 NGO 层面的参与；考核表彰主要是各地市政府和企业层面的参与；自愿协议，最主要的参与主体是企业，当然，政府的作用在协调式自愿协议中也必不可少。

从成本—收益的角度来讲，劝说鼓励性手段如可持续发展教育作为一种公共物品，它的生产具有极强的正外部效应，可使政府及社会以较小的投入获得较大的产出，所产生影响的广泛性和持续性是其他管理手段无法比拟的；它可以深入社会的各个领域、各个阶层，使环保意识深入人心，形成崇尚生态文明的新风，强化社会公众的良心效应，导致其自觉的环保行为，并对各类环保工作起着导向、推进和监督作用，最终促使人类社会的可持续发展。有些环境问题，如废电池回收、白色污染等，利用其他管理手段都很难达到理想效果，借助劝说鼓励性手段却能取得显著效果。但是，作为一种“软手段”，它缺乏执行过程中的强制力，而且效果具有不确定性，过程也是漫长的。所以，单靠这种手段进行环境管理是不行的，只有在健全的法律手段、规范的行政手段的背景下，结合经济手段才能使劝说鼓励性手段发挥最大的作用[82]。

## 第二节　经济刺激性手段的应用

中国政府在《环境与发展十大对策》和《中国21世纪议程》中都明确提出，各级政府部门都应更好地利用经济手段和市场机制促进可持续发展和环境保护，使市场价格准确反映经济活动造成的环境代价。进入21世纪后，随着我国市场经济飞速发展，政府职能向规划、引导和服务方面转变，行政手段在环境管理中的作用有所弱化，探索并完善环境经济手段在我国的应用，为改善生态环境质量或减轻污染程度作出了重要的贡献。

王金南等对各种环境经济手段在中国的应用以表格的形式进行了概括（如表4-2所示）[84]。中国环境管理中经济手段的应用也经历了曲折发展，环保投资从单一的国家一元化发展为投资主体多元化，到目前的大范围污染收费，部分地区开征生态环境补偿费、引进外资治理环境，从信贷环节上控制污染等[85]。

表4-2　环境经济手段在我国的应用状况

| 手段类型 | 实施部门 | 开始实施时间 | 作用对象 | 实施范围 |
|---|---|---|---|---|
| 超标排污费 | 环保部门 | 1982 | 企事业单位 | 全国 |
| 污水排污费 | 环保部门 | 1991 | 企事业单位 | 全国 |

续表

| 手段类型 | 实施部门 | 开始实施时间 | 作用对象 | 实施范围 |
|---|---|---|---|---|
| 排污设施有偿使用费用 | 城建部门 | 1993 | 企事业单位、个体经营者 | 全国 |
| 污水处理费用 | 城建部门 | 不详 | 企事业单位、居民 | 北京市、上海市；青岛市；泰安市、合肥市、深圳市 |
| $SO_2$收费（试点） | 环保部门 | 1992 | 工业燃烧锅炉、电厂 | 贵州省、广东省、重庆市；宜宾市、南宁市、桂林市、柳州市、宜昌市、青岛市、杭州市、长沙市 |
| 生态环境补偿费 | 环保部门 | 1989 | 资源开发单位 | 广西壮族自治区、江苏省、福建省、陕西省、山西省、贵州省、新疆维吾尔自治区；榆林市等 |
| 矿产资源税和补偿费 | 税收部门、矿产部门 | 1986 | 资源开发单位 | 全国 |
| 综合利用税收优惠 | 税收部门 | 1984 | 资源综合利用企业 | 全国 |
| 排污许可证交易（试行） | 环保部门 | 1985 | 排污交易企业 | 上海市、沈阳市、济南市、太原市 |
| “三同时”保证金 | 环保部门 | 1989 | 新建污染企业 | 江苏省、抚顺市、绥化市等 |
| 治理设施运行保证金 | 环保部门 | 1995 | 企事业单位 | 常熟市 |
| 废物交换市场 | 交换中心 | 1989 | 综合利用企业 | 上海市；沈阳市 |
| 废物回收押金 | 物资部门 | 不详 | 可再生固体废物企事业单位 | 全国 |

续表

| 手段类型 | 实施部门 | 开始实施时间 | 作用对象 | 实施范围 |
|---|---|---|---|---|
| 环保投资渠道 | 综合计划部门、财政部门、金融部门 | 1984 | 企事业单位 | 全国 |
| 补贴 | 环保部门、财政部门 | 1982 | 污染治理企业 | 全国 |

资料来源：王金南等.《中国与 OECD 的环境政策》. 北京：中国环境科学出版社，1997 年 9 月 .p2.

根据国内学者曹东等的评价结果，大部分环境经济手段都对工业污染防治起到了一定的效果（如表 4-3 所示）[86]。表 4-3 中，将经济手段与其他管理手段放在一起进行评价，结果表明，作为庇古手段的排污收费制度得分较高，属于“好”的等级，作为科斯手段的污染排放交易得分 30.3 分，属于“一般”的等级，这说明，环境经济手段在我国的应用既有可喜的一面，又存在改进的潜力[83]。

**表 4-3　主要工业污染控制手段的评价结果**

| 序号 | 控制手段 | 环境有效性 | 经济有效性 | 公平性 | 管理成本 | 可接受性 | 总体评价 |
|---|---|---|---|---|---|---|---|
| 1 | 环境影响评价 | 8.17 | 8.05 | 7.17 | 7.43 | 8.33 | 39.20 |
| 2 | “三同时”制度 | 8.17 | 7.17 | 6.27 | 7.85 | 7.00 | 36.50 |
| 3 | 污染物排放制度 | 7.93 | 6.85 | 7.50 | 6.77 | 7.42 | 36.50 |
| 4 | 限期治理制度 | 8.00 | 6.75 | 6.75 | 7.18 | 6.08 | 34.80 |
| 5 | 严重企业的关停并转 | 9.43 | 7.67 | 6.97 | 7.93 | 6.83 | 38.90 |
| 6 | 污染申报和许可证制度 | 7.33 | 7.25 | 7.94 | 6.58 | 6.58 | 35.70 |
| 7 | 污染集中控制 | 7.75 | 8.25 | 6.75 | 5.63 | 5.00 | 33.40 |

续表

| 序号 | 控制手段 | 环境有效性 | 经济有效性 | 公平性 | 管理成本 | 可接受性 | 总体评价 |
|---|---|---|---|---|---|---|---|
| 8 | 企业环境目标责任制 | 4.75 | 5.10 | 4.17 | 4.85 | 4.97 | 23.80 |
| 9 | 污染物排放总量控制 | 8.42 | 7.25 | 7.83 | 7.00 | 7.25 | 37.80 |
| 10 | ISO 14000 审核 | 5.58 | 5.60 | 4.00 | 4.00 | 3.42 | 22.60 |
| 11 | 清洁生产审计 | 7.83 | 8.00 | 7.00 | 6.83 | 6.43 | 36.10 |
| 12 | 公众和舆论监督 | 5.33 | 6.50 | 5.83 | 7.02 | 5.53 | 30.20 |
| 13 | 排污收费制度 | 8.12 | 8.35 | 8.00 | 7.28 | 8.17 | 39.90 |
| 14 | “三同时”保证金 | 4.83 | 3.85 | 3.83 | 5.08 | 2.75 | 20.30 |
| 15 | 污染削减补贴 | 5.17 | 4.68 | 3.91 | 4.25 | 4.75 | 22.80 |
| 16 | 污染排放交易 | 6.25 | 6.67 | 6.50 | 5.92 | 7.92 | 30.30 |

注：引自曹东等 .《中国工业污染经济学》. 北京：中国环境科学出版社 .1999.p.234. 对应每种政策手段的每个评分标准按差（1 ～ 5.0 分）、一般（5.1 ～ 7.0 分）、好（7.1 ～ 8.5 分）、很好（8.6 ～ 10 分）四个等级打分，总体评分满分为 50 分。

但客观比较，目前我国运用经济手段管理环境的水平同发达国家相比，还存在一定差距，主要表现为：

（1）经济手段的敛资机制重于诱导机制。应用经济手段主要是对企业产生保护环境的激励作用。但实际上，在设计和运用经济手段时，又往往把筹集资金的功能列为第一目的，以至于一提经济手段，就想到收费[87]。

（2）经济手段应用面窄，深度不够。在我国环境管理中，经济手段的应用历程较为曲折。现阶段，在环保投资层面，正走向投资主体多元化的发展道路。其应用面窄一方面表现在与发达国家相比，经济手段较为单一；另一方面表现为新开展的 $SO_2$ 收费、生态环境补偿费等征收工作在地域上受到较大限制。其深度不够主要表现在对企业约束力上。我国目前的排污收费制度，收费项目不全，标准偏低。按现行的物价水平，排污收费标准仅为污染治理设施运行成本的50%左右，某些项目的收费甚至不到污染治理成本的10%，导致各地不同程度地存在“缴排污费，买排污权”的现象[87]。同时，在环境收费层面，诸多新开展的环境收费项目会受到地域的限制。

（3）征收上来的环境税费使用效率不高。其一，环境税费经常被挪作他用。有些地方用污染税费办公司、做买卖，更多的则被挪用到市政建设上；其二，环境税费被积压。有关资料表明，全国排污费账面除去合理积压外，约有近一半不能发挥效益；其三，环境税费使用效益不高，一些企业由于投资不够，建设施工管理不严等原因，致使环境工程建设周期长、浪费大、效益低；其四，资金分散，不能保证重点污染源治理。环境税费使用中的这些效率低下，不仅使那些已按章缴纳税费的单位产生“吃亏”的心理，以致缴费积极性下降；还使得那些未缴费的单位更不愿意缴纳环境税费，这严重削弱了经济手段的实施效果。

（4）环保投资渠道不畅。尽管早在1984年，国家有关部门就明确规定了环境保护投资的八条渠道，但从近年的运行来看，有些渠道并未有效发挥作用。其中，既有所规定的渠道滞后于经济体制改革的原因，又有缺乏完善的配套实施细则的因素，同时，与管理工作相对薄弱也是分不开的[87]。

（5）环境经济政策执行及改革难度大。由于地方政府重视经济发展，而忽视环境保护，即使企业违反了“三同时”等环境制度，也会采取姑息迁就的态度。由此，对于生产企业而言，将不断降低环保投入[88]。同时，随着投资主体多元化的发展，加之环保队伍的相对薄弱，就会阻碍相关经济政策的实施[89]。

（6）环境管理经济手段过多依赖处罚。经济处罚是环境管理中常用的经济手段，其应用频率高，作用效果显著，对于企业起到了良好提醒和警示作用。但过多依赖于经济处罚并不利于环境管理工作的开展。在经济处罚的约束下，企业能够加强对环保工作的执行力度，但是也过于被动。经济处罚是一种环境管理方法，但不是唯一的经济管理手段，还需要有更多的选择，如预防性经济手段以及激励性经济手段。另外，经济手段的实施范围受限、经济手段滞后等问题的出现，同样也会妨碍环境管理工作的开展[89]。

面对经济刺激性手段应用中存在的问题，环境保护税作为其手段之一也逐渐被纳入环境管理政策改革的进程，通过完善现有体系在生态环境保护上的激励作用，促进经济的可持续发展和人与自然的友好相处。

## 第三节　从排污收费到环境保护税

### 一、费改税演变历程

我国环境保护税法的制定在现阶段实际上称为“费改税”，即由排污收费演变而来。我国排污收费制度旨在加强环境保护，在促进经济和社会的可持续发展中发挥了积极作用。但是排污收费无论在规范性、强制性上，还是在环境保护的调控力度上，其作用都要弱于环境保护税。目前，两者基本属于平移关系，所以要了解环境保护税必须基于环境保护收费。中国从排污收费到环境保护税政策的制定、颁布和执行的主要历程如下：

#### （一）排污收费制度的发展历程

排污收费是我国最早提出并普遍实行的环境管理制度之一，历经三十余年，大体经历了5个发展阶段[90]。

1. 排污收费制度的提出和试行阶段

1978年年底，伴随着改革开放的春风，借鉴发达国家的环境管理经验，按照“谁污染，谁治理”原则，原国务院环境保护领导小组的《环境保护工作汇报要点》中第一次提出“向排污单位实行排放污染物的收费制度”的设想。1979 年 9 月颁布的《中华人民共和国环境保护法（试行）》从法律上确立了我国的排污收费制度。到 1981 年年底，全国已有 27 个省、自治区、直辖市开展了排污收费试点。

2. 排污收费制度的全面实施阶段

1982 年 7 月，国务院正式发布并施行了《征收排污费暂行办法》，排污收费制度在全国普遍实行。当时的主要背景是应对环境管理领域中直接管制手段不灵活和环境治理经费预算短缺的困扰，征收排污费既可以刺激排污者减少污染排放，又可以筹集环境治理资金。到 1987 年，全国年排污收费额已达 14.3 亿元，比试行初期增长了 10 倍。

3. 排污收费制度的发展完善阶段

1985 年召开的第一次全国排污收费工作会议提出了排污费资金有偿使用的改革设想。1988 年 7 月，国务院颁发了《污染源治理专项基金有偿使用暂行办法》，拉开了排污收费制度改革的帷幕，把排污费由拨款改为贷款，改变了原来排污费资金无偿使用的局面，进一步贯彻了“污染者付费”原则。根据李鹏总理指示精神，开始进行设立环保投资公司试点。20 世纪 90 年代，国家颁布了新的污水、噪声超标收费标准，统一了全国污水排污费征收标准。1991 年 7 月，召开了第二次全国排污收费工作会议，总结推广沈阳市环保投资公司试点和马鞍山环境监理试点经验，颁布了《环境监理工作暂行办法》，部署在 57 个城市和 100 个县级环境监理的扩大试点，逐步建立健全统一的环境监理执法队伍。1992 年，组织广东、贵州 2 省和青岛等 9 市开展二氧化硫排污收费试点。1993 年《关于征收污水排污费的通知》要求对不超标的污水排放征收排污费，首次体现了总量控制的思想。1996 年将二氧化硫排污收费试点扩大到酸雨控制区和二氧化硫污染控制区。

4. 研究探索新排污收费制度阶段

1994年，召开全国排污收费十五周年总结表彰大会，提出了排污收费制度深化改革的总体目标。排污收费政策改革要实现以下四个转变：一是征收方式的转变。由超标收费向排污收费转变；由单一浓度收费向浓度与总量相结合收费转变；由单因子收费向多因子收费转变；由静态收费向动态收费转变。二是排污收费标准要体现三个原则：①按照补偿对环境损害的原则；②略高于治理成本的原则；③排放同质等量污染物等价收费的原则。三是排污费资金实行有偿使用，改变单纯用行政办法管理排污费资金的做法。四是加强环境监理队伍的建设。1995年，国家环保局及国家计委、财政部、国务院法制局在世界银行的援助下开始排污收费制度改革研究，全国共有10个研究单位和300多个地方环保局参加，收集标准测算数据50万个。在分析评估我国排污收费制度实施效果并借鉴国外排污收费基本原则和经验的基础上，于1997年完成了新排污收费制度设计和标准的制定。1998年，在杭州、郑州、吉林三个城市进行了总量排污收费的试点。2000年4月，修订施行的《大气污染防治法》从法律层面上确定了按“排放污染物的种类和数量征收排污费”的总量收费制度，为新排污收费制度的建立奠定了坚实基础。

5. 排污收费制度的建立并全面施行阶段

2003年，国务院《排污费征收使用管理条例》颁布，这是排污收费制度的一次理论创新，是排污收费政策体系、收费标准、使用和管理方式的一次重大改革和完善，即从单因子浓度超标收费转变为多因子总量收费，提高收费标准，污水超标加倍收费，达标减半征收，排污费实行属地征收、收支两条线、纳入财政预算、列入环境保护专项资金进行管理，提高违法罚款额度，征收对象从企、事业单位扩大到所有单位和个体工商户，通过征收标准修订预告制、排污费数额公示、依法减免缓缴排污费公示等加大排污收费透明度。面对各界质疑排污费率过低的问题，自2007年开始，多个省市不同程度地提高了地方排污费标准，并根据排放浓度试行差异收费。2014 年 9 月，国家发展和改革委员会发布《关于调整排污费征收标准等有关问题的通知》，正式将部分主要污染物排污费征收标准提高 1 倍；逐步实现按自动监控数据核定排污费，提高排污费收缴率；根据达标状况实行差别收费（超排放总量指标加倍征收、超浓度总量标准加 2 倍征收、淘汰类工艺装备和产品加倍征收、排放浓度控制效果突出的企业减半征收）。随着这些改革的实施，排污收费政策在为环境管理增加灵活性、为减排提供激励机制的方向上逐步推进。

### （二）环境保护税制度发展历程

在不断完善排污收费制度的同时，排污费存在的突出问题也使对环境税费清费立税和税收制度绿色化的呼声日益高涨，我国设立环境税逐渐被提上议事日程。

1994 年，我国政府颁布了全球第一个国家级的响应联合国《21 世纪议程》的纲领性文件《中国 21 世纪议程》，在其行动方案中明确指出“对环境污染处理、开发利用清洁能源、废物综合利用和自然保护等社会公益性项目，在税收、信贷和价格等方面给予必要的优惠”。但当时由于分税制财政体制改革刚刚实施，分税制改革的重点也是提高中央政府的调控能力，国家还无暇顾及旨在保护环境的环境税的政策设计[91]。

2004 年新一轮税制改革六项目标中涉及环境税收的主要有两点，即“强化税收优化资源配置，促进经济与社会之间的统筹协调”以及“合理的但适宜采用税收形式的收费要加快创造条件改为收税”。

2007 年 3 月，时任国务院总理温家宝在第十届全国人民代表大会第四次会议上提出：“充分运用价格、财税等手段来促进节能环保工作。”2007 年 5 月，国务院同意国家发展和改革委员会会同有关部门制定的《国务院关于印发节能减排综合性工作方案的通知》（国发［2007］15 号），提出了要制定和完善鼓励节能减排的税收政策，并明确提出“适时出台燃油税。

研究开征环境税，以及研究促进新能源发展的税收政策。实行鼓励先进节能环保技术设备进口的税收优惠政策。”这充分表明，我国开征环境税的理论研究被提上政府议事日程[91]。

2008 年年初，财政部税政司会同国家环境保护总局政策法规司、国家税务总局地方税司启动了开征环境保护税的具体研究制定工作。当时金融危机导致经济下行，提出的主要目的是增加国家税收，但当时征收基础如经济、法律等尚不充分。

2009 年 5 月，国务院批转国家发展和改革委员会《关于 2009 年深化经济体制改革工作意见的通知》第九条提出：“加快理顺环境税费制度，研究开征环境税。”制定《环境保护税法》起草工作方案[92]。

2010 年 1 月，中共第十七届中央纪委第五次全体会议通过的《中共中央关于制定国民经济和社会发展第十二个五年规划的建议》正式提出开征环境保护税。2010 年 7 月，环境税征收方案初稿出炉。2010 年 8 月，原国家环境保护部环境规划院表示，环境税研究已取得阶段性成果，财政部、国家税务总局和环境保护部将向国务院提交环境税开征及试点的请示。

2011 年，财政部等相关部门表示赞同适时开征环境税的建议。全国人大财经委员会建议三部门研究开征环境税方案的同时，根据税收法定的原则，抓紧环境税法的论证评估工作，适时提出立法建议。

2012 年，根据财政部条法司公布的《2012 年财政法律制度建设情况》显示，《环境保护税法》（送审稿）正在履行会签程序。

2013 年，财政部、国家税务总局、环境保护部向国务院报送了环境保护税立法的请示，国务院法制办根据征求意见对送审稿进行了修改，下一步将配合国务院法制办对送审稿再次征求意见，修改后提请国务院审议，审议通过提请全国人大常委会审议，纳入国务院立法计划。2013 年 11 月，针对我国环境保护税费制度中存在的缺陷，十八届三中全会《中共中央关于全面深化改革若干重大问题的决定》中明确指出，深化财税体制改革，积极推动环境保护费改税，是治国安邦的重要手段。

2014年3月，2014年的《政府工作报告》和《2014年中央和地方预算草案的报告》再次提及加快推动环境保护税立法工作等内容。2014年6月30日，通过《深化财税体制改革总体方案》，将税制改革重点锁定六大税种，其中就包括建立环境保护税制度。我国政府再次提出了建立环境保护税制度，将目前实施的排污收费制度改为环境保护税制度，发挥税收在治理污染和环境保护方面的职能。环境保护税法被列入2014年国务院立法工作计划。2014年11月，财政部同环境保护部、国家税务总局将形成的《中华人民共和国环境保护税法（草案稿）》报送国务院。

2015年年初，国务院立法工作计划明确，环境保护税法立法将尽快提请审议。2015年3月中旬，国务院法制办已经将送审稿提交给全国人大财经委，人大财经委，介入环境保护税立法的前期工作，共同研究起草其中的重大问题，推动其如期提请审议。2015年6月10日，国务院法制办就财政部、国家税务总局、环境保护部起草的《中华人民共和国环境保护税法（征求意见稿）》及说明全文公布，向社会公开征求意见，开征环境保护已经提上议事日程。

2016年8月，环境保护税法（草案）在全国人大常委会审议时，对立法的总体考虑进行了说明，在遵循“税负平移”的原则下，也指出要突出解决重点问题，如考虑各地差异较大，允许地方在规定的税额标准范围内，上浮应税污染物的适用税额。2016年10月，北京市地方税务局对涉及缴纳排污费的企业6 395户缴费人信息进行逐一核实和摸底调查，原重庆市地税局与原重庆市环保局签署《环境保护税征管协作机制备忘录》。2016年12月25日，第十二届全国人民代表大会常务委员会第二十五次会议通过《中华人民共和国环境保护税法》，该部法律将于2018年1月1日起正式实施。这也是《立法法》施行以来，首次由省人大常委会决定地方税种的具体适用税额。

2017年6月26日，财政部、国家税务总局、环境保护部三部门联合发布《中华人民共和国环境保护税法实施条例（征求意见稿）》，对环境保护税法涉及的部分内容加以明确，向社会公开征求意见。2017年6月底，国家税务总局和环境保护部签署《环境保护税征管协作机制备忘录》，建立了部局层面的征管协作机制，为各地加强部门合作作出了示范表率。2017年8月，三部门联合部署要求全面做好环境保护税法实施准备工作，要求各地建立地方人民政府领导下的多部门协作机制，确定本地区应税大气污染物和水污染物具体适用税额，摸清税源底数，及时交接档案资料，抓紧建立基础税源数据库等工作。2017年12月25日，国务院总理李克强签署国务院令，公布《中华人民共和国环境保护税法实施条例》（以下简称《实施条例》），自2018年1月1日起施行。

环境保护费改税不仅是将原来由行政收费模式转变为税务机关收税模式，它首先从形式上涉及几个重要问题：第一，环境保护税的立法位阶需要从行政立法向人大立法转变；第二，环境保护税作为一个单独的税种，有其独特性，其立法模式应该采用单行立法还是分散立法；第三，如果是单行立法，环境保护税的法典名称；第四，环境保护税立法与相关配套制度的衔接。我们认为环境保护税立法首先需要明确的是它在环境保护与税收交叉领域的基本法地位，以此为前提也就有了解决方向[93]。

## 二、费税内容比较

在现代依法行政的时代，作为一项经济调控措施，费改税是大势所趋。其既能统一征收的范围、对象、方法和规范，有利于征收的规范化、制度化和程序化，防止违规减免或者加重企业负担的现象，又为国家环保事业提供充足的资金来源，有利于环境保护税收资金的集中和规范使用，防止地方各级环境保护部门违法支出排污费的现象。主要特点体现为法律依据从分散到统一、课征依据从行政设定回归税收法定、制度设计从粗放到精致、税收征管上强调行政协作。两者之间既有继承，又有区别。

两者分别属于收费和税收，为了较为全面地比较两者，首先从“税”与“费”的差异开始。“费”是政府有关部门为单位和个人提供特定服务，或赋予某种权利而向直接受益者收取的代价。“税”是国家为满足社会公共需要，凭借公共权力，按照法律所规定的标准和程序，参与国民收入分配，强制地、无偿地取得财政收入的一种方式。主要有三个特点：

（1）强制性。国家凭借其公共权力以法律、法令形式对税收征纳双方的权利（权力）与义务进行规范，依据法律进行征税。

（2）无偿性。税款一律纳入国家财政预算统一分配，而不直接向具体纳税人返还或支付报酬，个体纳税人享有的公共利益与其缴纳的税款并非一一对等，即存在个体的无偿性、整体的有偿性。

（3）固定性。统一的征税标准，包括纳税人、课税对象、税率、纳税期限、纳税地点。由此可以看出，两者的执行主体分属于不同部门。后者比前者法律位阶、稳定性更高，用途更为广泛。具体差异见表4-4。需要注意的是，“税”具有强制性、无偿性、固定性，征收对象具有普遍性，税科目的设置具有严格性，从而决定了税收不可能经常变更，税收政策不可能经常调整，因而在一定程序上难以适应复杂多样且不断变化发展的客观情况。而“费”具有灵活性，在一定程度上可弥补税收的缺陷。因此，在法律范围内的收费，作为社会主义市场经济的一种调控手段，在一定条件下能弥补税收的缺陷，起着有益的补充作用[94]。

表 4-4　收费与税收比较

| 类别 | 收费 | 税收 |
|---|---|---|
| 主体 | 多为行政事业单位、行业主管部门等 | 代表国家的税务机关、海关或财政部门 |
| 特征 | 具有补偿性，主要用于成本补偿，特定的收费与特定的服务往往具有对称性 | 具有无偿性和强制性，缴纳的税收与国家提供的公共产品和服务之间不具有对称性 |
| 稳定性 | 由不同部门、不同地区根据实际情况灵活确定 | 税法一经制定，对全国具有统一效力，并相对稳定 |
| 用途 | 专款专用 | 国家预算统一安排，用于社会公共需要支出 |

其次，排污收费与环境保护税内容的比较。

（1）征收主体发生改变。由地方环境保护主管部门变化为地方税务机关，而环境保护主管部门负责对排污企业污染物的监测行为进行监督和管理以及与税务机关建立涉税信息共享平台和工作配合机制。

（2）缴纳主体范围扩大。增加了第三产业、规模化畜禽养殖、医院等福利机构等纳税主体。

（3）征收对象范围适度缩小。如噪声仅包括工业噪声，建筑噪声等不在其中。

（4）征收标准适度提高。水与大气污染物的征收标准由定值改为范围，下限不变，上限扩大为原来的 10 倍，给予地方政府根据管辖区域实际情况进行差异化管理的权力。

（5）税收优惠分档。污染物排放低于标准的 50% 和 30% 分别减税 25% 和 50%。

（6）征税权力下放。环境保护税为地方税。这些内容的变化使计税依据更加合理，充分体现“少排污少缴费”的正向激励原则，有利于充分调动地方支付治理污染的积极性。具体差异见表 4-5。

表 4-5　排污收费与环境保护税的比较

| 类别 | 排污收费 | 环境保护税 |
| --- | --- | --- |
| 征收主体 | 县级以上地方环境保护主管部门 | 县级以上地方税务机关 |
| 缴纳主体 | 直接向环境排放污染物的单位和个体工商户（含部分超标排放的城市污水集中处理设施） | 直接向环境排放应税污染物的企业事业单位和其他生产经营者（含全部超标排放的城乡污水和生活垃圾集中处理设施） |
| 征收对象 | 水污染物、大气污染物、固体物和噪声（建筑噪声和工业噪声）；应税污染物种类数：65+44+ 工业噪声 + 固废 | 水污染物、大气污染物、固体废物和噪声（仅工业噪声）；应税污染物种类数：65+44+ 工业噪声 + 固废，地方政府可增加 |
| 征收标准 | 水：0.7 元 / 污染当量；大气：0.6 元 / 污染当量；固废：5 ～ 30、1 000 元 /t；噪声：每超标 1 分贝梯级增加，350 ～ 11 200 元 / 分贝。 | 水：1.4 ～ 14 元 / 污染当量；大气：1.2 ～ 12 元 / 污染当量；固废：5 ～ 25、1 000 元 /t；噪声：每超标 3 分贝梯级增加，350 ～ 11200 元 / 分贝。 |
| 计税依据 | 水：不超过 3 项，超过标准加征一倍<br>大气：污染物当量数前 3 项<br>固废：按排放量计算<br>噪声：按超标分贝计算 | 水：第一类污染物当量数前 5 项，其他类污染物当量数前 3 项<br>大气：污染物当量数前 3 项，增加无排放口的无组织排放计税<br>固废：按排放量计算<br>噪声：按超标分贝计算 |
| 征收优惠 | 减征：排污者因不可抗力遭受重大经济损失后及时采取有效措施，可减半缴纳排污费或者免缴排污费 | 免征：农业生产排放，机动车、铁路机车、非道路移动机械、船舶和航空器等流动污染源排放，城乡污水集中处理、生活垃圾集中处理场排放，综合利用的固体废物以及国务院批准的其他情形<br>减征：排污浓度 <30% 规定标准，按 75% 征税；排污浓度 <50% 规定标准，按 50% 征税 |
| 征收管理 | 中央和地方政府按比例分成 | 全部作为地方税收入 |
| 收入用途 | 纳入财政预算，列入环保专项资金管理 | 纳入一般公共预算 |

# 第五章　环境保护税法制度设计

环境保护税法需要一个完整的税收内容设计，在排污收费基础上，从总体思路、法律原则、要素内容和征收管理办法，必须充分考虑我国现实情况，借鉴西方国家的先进经验，实现与其他制度的良好衔接。通过“少排污少收税”的正向激励，有效调动我国纳税企业的环境保护积极性。

## 第一节　总体思路

我国的环境税收制度的实施应当遵循“以费改税、优化税制，分类征收、分类设计、分期规划、分步实施，先易后难、循序渐进、突出重点、试点示范，保持宏观税负、避免重复征税”的总体思路[24,33]。

（1）以费改税、优化税制。我国的排污收费制度已经实施了近四十年，环境保护税法首先把具有一定税收特性的收费制度进行“费改税”，然后在此基础上不断地改进和完善现有税制中涉及的环境保护的税收政策，从而进一步实现优化税制的目标。

（2）分类征收、分类设计、分期规划、分步实施。任何改革都是一个利益调整、多方妥协的过程，因为改革需要兼顾各方面的意见，必须采取缓和的方式，经历渐进的过程。同样，建立和完善环境保护税收制度体系不是一蹴而就的事情，必须有尽可能周全的通盘规划。我们应当遵循因地制宜、区别对待的原则，按照不同的征收对象、根据不同的征收环节采取分类征收和分类设计。同样，不同社会经济发展时期，环境政策的目标和侧重点也是不同的，这样就导致不同环境保护税的税目（税种）的开征条件也是不一样的。因此我们既要有短期方案，又要有长期规划，然后分别按照不同时期的政策规划，按步骤地进行实施。

（3）先易后难、循序渐进、突出重点、试点示范。目前我国尚缺乏这一税种的制度设计和征管经验，因而在开征此税的初期，范围不宜过宽，应当根据国家当前最主要的环境问题和环保政策、目标，采取循序渐进的手法，先从重点污染源和易于征管的课征对象入手，选择重点地区首先开展试点，待条件成熟后实行全国范围内的费税平移，最后进一步扩大环境保护税征收范围。

（4）保持宏观税负、避免重复征税。开征环境保护税的根本目标是实现“可持续发展”，强化税收在协调经济与环境矛盾中的作用。鉴于我国是一个发展中大国，市场机制还很不完善，处于经济的转轨时期，因此开征环境保护税的基石是必须服从和服务于国家的发展战略，主要有促进经济稳定、快速、健康增长；促进市场机制的健全；保护生态环境，有助于经济增长中的多方协调。因此，在宏观层面上必须保持社会宏观总税负水平的相对稳定，在微观层面上避免重复征税并与现行其他税收制度和环境收费制度相衔接。

## 第二节　法律原则

保护生态环境的特定目的性和规制环境污染的特定行为性，体现了环境保护税法的内在价值；环境保护税法规制对象的地域性和税法主体的合作性，决定了税收法律规范、税收征纳程序的外在形式。环境保护税法的内在价值与外在形式，共同决定了环境保护税法的法律原则由实体原则和程序原则构成。环境保护税法的实体原则有污染者付费原则、差别原则、预防原则、普遍征收原则，侧重于从税收实体法角度对纳税人、税率以及权利与义务的限定，重在对环境保护税法的内在价值实质的认识，强化税法的内在体系，确保税法规范符合实体原则。程序原则有合作原则、自主申报原则，侧重于从环境保护税法的实施程序方面保障实体原则，完善税法的外在体系，指导法律规范的逻辑形式和税收征管模式，以提高税法透明、统一和高效。实体原则和程序原则使环境保护税法体系实现逻辑形式与价值实质的统一。同时，实体原则和程序原则也促进环境保护税法与其他税法之间、环境保护税法与税法整体之间协调一致，使整个税法体系在水平关系上避免产生冲突和遗漏，在垂直关系上可互动、有层次，确保税法体系统一性、一贯性[95]。

## 一、实体原则

### （一）污染者付费原则

污染者付费原则是公平价值在环境保护税法的具体体现，其背后是外部成本的内部化，即通过价格反映生产和污染的成本，使生态环境价格结构基本能够反映市场供求和资源稀缺程度。所以，环境保护税仅用于满足消除污染的全部费用。我国最早在《排污费征收使用管理条例》中确立了此项原则，并规定专款专用。《环境保护法》也明确提出了“损害担责”原则，强调对环境造成任何不利影响的行为人，应承担恢复环境、修复生态或支付上述费用的法定义务。“环境保护税法”应与《环境保护法》相衔接，贯彻污染者付费原则，在法条中明确规定专款专用，加大对环保产业发展、环保技术研发、环境治理专业市场建设的支持力度。

### （二）差别原则

差别原则是量能课税原则在环境保护税法中的具体适用，为环境保护税法提供伦理价值基础。污染者付费原则本身就是公平原则的体现，但只是形式公平。单纯强调税收与污染损害程度的对价，不考虑污染者的税负能力，往往会引发量能课税原则的违反问题。税收公平既包括形式公平也包括实质公平，并且重在实质公平，应实行差别原则。在宏观上应针对不同地区、不同行业实行差别税率；中观上对可再生、可替代资源与非可再生、非可替代、稀缺性资源消耗设定差别税率；微观上针对同一类税基，可依据有害成分不同设计差别税率，有害成分相同的，依据浓度实行累进税率。而且，由于各地经济社会发展状况不同、所处阶段不同，需要对不同纳税人、不同污染程度等情况实行不同税率、不同征税方式。

### （三）预防原则

环境污染源性质的不同，决定了单纯采用事后责任治理模式难以应对恶性环境问题。不同性质的污染源对环境危害具有差异性，有的污染源一旦释放会造成对环境质量无法弥补的伤害，对人类产生致命性的危害。环境保护税法需要改变“先污染、后治理”、“边污染、边治理”的落后观念，从而确定预防原则，这也是经济发展方式转变的必然要求。（1）本着“预防为主”理念，税基应在环境质量标准的基础上，体现对污染环境、破坏生态行为的直接否定性评价。可以以排污量、排放浓度、污染程度等指标来细化区分不同的适用税率。尤其是生态环境恶化地区，税基的确定要考虑生态环境的承受力和污染治理成本，实行差别税率，优先考虑目前环境状况，从严制定，普遍征收，体现警示效应。（2）综合利用排放标准和总量指标，采用超额累进税率为主，辅助以定额税率。针对超标排放，分类设计惩罚性税率，发挥环境保护税自动稳定器作用。对税基难以衡量的，可以实行定额税率，或以产量、销售收入、生产设备、应税包装物等指标推计课税。（3）对低于排放标准和总量指标的纳税人，可以授权地方政府或税务部门给予税收优惠。税收优惠可以激励纳税人自由选择低廉且适合于自己的办法，以降低污染，进而为研究治理污染新技术、新方法提供动力。简言之，在环境基准以下，税率设计要体现激励作用，激励纳税人节能减排。如果能够更加细化指标和税率，体现实质课税原则，则更能激发企业采用环保设备、减少污染排放。

### （四）普遍征收原则

普遍征收原则体现为两方面。一方面是对环境保护税课税对象即污染物与污染行为普遍征收。环境保护税的课税对象，除了包括目前实行排污收费制度的大气污染物、水、固体废物、工业噪声，还应该包括碳排放、扬尘排污、机动车尾气、生活污水、生活垃圾等污染环境的排放行为。国际上针对污染行为，大多采用普遍征收原则。如针对碳排放，丹麦、芬兰、荷兰、挪威、美国和瑞典等国相继征收了二氧化碳税；针对固体废物，美国、法国征收了旧轮胎税，挪威征收了饮料容器税；针对公害行为，美国征收了噪声税，日本征收了拥挤税。另一方面是对污染环境主体的普遍征收。《环境保护法》明确提出保护环境是国家的基本国策。基于目前环境恶化的现状和转型期政策考虑，环境保护税课征对象的范围应体现“谁污染、谁缴税”，采用普遍征收原则。可以采用以污染物排污量、产量、销售收入或应税包装物、产品设备等为计税依据，扩大环境保护税的纳税人范围，实现应收尽收。

## 二、程序原则

### （一）合作原则

合作原则是稽征经济原则在环境保护税法中的直接适用。税收征纳需要在税收效益与征纳成本之间达成均衡，符合比例原则。这就要求解决税收征纳程序中的信息不对称问题，经由相互协作、相互配合来降低交易费用，实现稽征经济。合作原则主要体现在两个方面。

（1）环境保护税征收需要税务部门和环保部门共同协作。如果实行由税务部门单独征收或者环保部门代征，将出现税务部门缺乏专业技术而难以课征，或者环保部门征管能力不足等难题。《环境保护税法》第十四条、第十五条规定了环保部门的协力义务，同时，税务部门也应当向环保部门送达信息。综合来看，税收征纳适宜由税务部门主导，环保和其他部门配合。具体表现为“纳税人申报缴纳+环保部门核定+税务部门课征+信息共享”模式。利用各方信息优势，较好地体现合作原则，有助于课征效率的提高。

（2）环境保护税法规制对象的地域性，决定了环境保护离不开地方政府和中央政府的合作治理，环境保护税法规范的税收征收管理和开支也应该以此为出发点。

### （二）自主申报原则

自主申报纳税是纳税人作为税收法律关系主体地位的必然要求，也是现代税收效率理念在税收征纳程序上的重要体现。一方面，自主申报原则蕴含了深厚的民主意义，纳税人的申报纳税相对于税务机关征税行为，处于主导地位，是自主自立、自我责任在税法中的具体体现。另一方面，税务行政表现为大量类型相同的税收行政行为，相对于税务行政资源的有限性，税收课征需要经由简化（课征简单、轻松）及划一（平等处理）实现合理化[96]。其源于比例原则，要求税收征收手段必要性、经济性与所欲达成的目的利益显著均衡。基于环境保护税的税源广泛、税目繁多、税率不一、税基计算复杂以及监测数据难以衡量等特点，如果还按照排污费征收办法征收环境保护税，将大大消耗税务部门的有限行政资源，出现课征效率下降。环境保护税法应该遵循“企业申报、税务征收”理念，纳税人事前申报加税务机关事后核定，税务机关实行重点审核、分类管理等制度，从实体上赋予纳税人自主申报权，也从程序上限定税务机关依法行政，保证环保部门技术、专业性和税务部门税务信息优势的结合。

# 第三节　涉税主体

## 一、纳税主体

对排放污染物的行为征税是构建环境保护税的主体思路[97]。环境保护税的纳税主体根据“谁污染，谁缴税”的原则确定，任何有环境污染行为的组织及个人理应是纳税主体[98]。《环境保护税法》规定在中华人民共和国领域和中华人民共和国管辖的其他海域，直接向环境排放应税污染物的企业事业单位和其他生产经营者为环境保护税的纳税人，其分类见图 5-1。

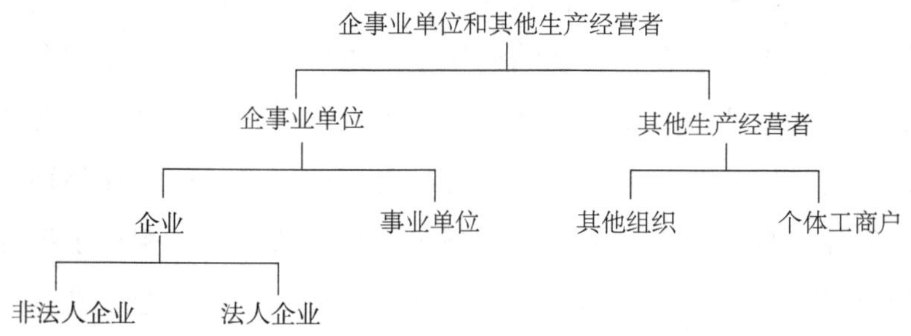


图 5-1　企事业单位及其他生产经营者的划定

### （一）企业单位

以盈利为目的独立核算的法人或非法人单位。它的特点是自取自支，通过成本核算，进行盈亏配比，通过自身盈利解决自身的人员供养、社会服务，创造财富价值。企业单位的登记在工商行政部门进行。企业单位与职工签订劳动合同。发生劳动争议后，由企业单位进行劳动仲裁。

### （二）事业单位

以政府职能、公益服务为主要宗旨的一些公益性单位、非公益性职能部门等。它参与社会事务管理，履行管理和服务职能，宗旨是为社会服务，主要从事教育、科技、文化、卫生等活动。其上级部门多为政府行政主管部门或者政府职能部门，其行为依据有相关法律，所作出的决定多具有强制力，其人员工资来源多为财政拨款。事业单位的登记在编制部门进行。事业单位与职工签订聘用合同。发生劳动争议后，由事业单位进行人事仲裁。

### （三）其他生产经营者

从事生产经营活动的个体工商户和其他组织。其中，个体工商户是指公民在法律允许的范围内，依法经核准登记，从事工商业经营的自然人或家庭，其应按照税务部门的规定正确建立账户，准确进行核算；对账证健全、核算准确的个体工商户，税务部门对其实行的查账征收；对生产经营规模小又确无建账能力的个体工商户，税务机关对其实行定期定额征收。其他组织是指最高人民法院关于《中华人民共和国民事诉讼法若干问题的意见》及《民事诉讼法》第四十九条规定的其他组织是指合法成立、有一定组织机构好财产，但又不具备法人资格的组织，包括：

（1）依法登记领取营业执照的私营独资企业、合伙组织；

（2）依法登记领取营业执照的合伙型联营企业；

（3）依法登记领取我国营业执照的中外合作经营企业、外资企业；

（4）经民政部门核准登记领取社会团体登记证的社会团体；

（5）法人依法设立并领取营业执照的分支机构；

（6）中国人民银行、各专业银行设在各地的分支机构；

（7）中国人民保险公司设在各地的分支机构；

（8）经核准登记领取营业执照的乡镇、街道、村办企业；

（9）符合本条规定条件的其他组织。

### （四）特殊纳税对象

考虑到环境保护税在我国处于起步阶段，宜采用稳妥策略，对居民个人暂不征收。对城乡污水集中处理场所和生活垃圾集中处理场所超标污染物、规模化禽畜养殖场、企业事业单位和其他生产经营者不符合国家和地方环境保护标准贮存或处置的固体废物进行征税。

1. 城乡污水集中处理场所

城乡污水集中处理场所是指面向社会公众提供公共生活污水（污泥）集中处理服务，并由财政支付运营服务费或者安排运营资金的污水（污泥）集中处理厂（站）或者设施。不包括工业园区、开发区、工业聚集地以及其他特定区域内的企业单位和其他生产经营者提供污水处理服务的设施或者场所，以及企业事业单位和其他生产经营者自建自用的污水处理设施或者场所。

工业污水集中处理场所服务于工业园区内少数企业，由双方协商确定服务费用，具有商业性质。此外，工业污水集中处理场所按要求须达标排放，达标排放污水所含污染物一般较少，为此，根据税法规定按污染当量数征税计算，工业污水集中处理场所税收负担不重。在实际中，存在着城乡污水集中处理场所同时处理生活污水和工业废水的情形，为准确划分征免界限，需要对城乡污水集中处理场所进行认定。根据相关法律法规对城镇污水集中处理场所建设和运营的有关规定，可以结合以排污许可证、立项审批文件、环境影响评价文件等认定是否属于城乡污水集中处理场所。

2. 生活垃圾集中处理场所

生活垃圾集中处理场所是指面向社会公众提供公共生活垃圾集中处理服务，并由财政支付运营服务费或者安排运营资金的填埋场、焚烧厂、堆肥厂等生活垃圾集中处理站或者设施。

3. 规模化禽畜养殖场

达到省级人民政府确定的规模标准并且有污染物排放口的畜禽养殖场，才可能需要缴纳环境保护税。达到规模化标准、有排放口、未无害化处理或综合利用三个条件同时成立才缴纳环境保护税。其计算污染物排放量的三种情形：

（1）具备监测条件的，以监测数据计算；

（2）不具备监测条件，但满足税法所附《禽畜养殖业、小型企业和第三产业水污染物污染当量值》备注栏中对禽畜存栏量的要求的，按照表中牛、猪、鸡鸭等家禽的污染当量数计算；

（3）不具备监测条件，又不满足税法所附《禽畜养殖业、小型企业和第三产业水污染物污染当量值》备注栏中对禽畜存栏量的要求的，由省级环保部门规定当量值或抽样测算方法核定计算。

4. 固体废物环境保护税纳税人

固体废物环境保护税纳税人包括应税固体废物产生单位和固体废物贮存、处置、综合利用单位。固体废物贮存、处置应当符合国家固体废物污染环境防治要求。按照《固体废物污染环境防治法》的规定，固体废物贮存是指将固体废物临时置于特定设施或者场所中的活动。固体废物处置是指将固体废物焚烧和用其他改变固体废物的物理、化学、生物特性的方法，达到减少已产生的固体废物数量、缩小固体废物体积、减少或者消除其危险成分的活动，或者将固体废物最终置于符合环境保护规定要求的填埋场的活动。固体废物综合利用需符合国务院发展改革、工业和信息化主管部门关于资源综合利用的要求。

## 二、征税主体

税务机关作为当前我国最重要的专门税收征管机构，享有国家税收征管权力，理应负责对环境保护税的征收管理。

在《环境保护税法》及实施条例中，关于税务机关的工作职责分为一般职责和特殊职责两类。一般职责即税收的共性职责，包括环境保护税纳税申报受理、涉税信息比对、组织税款入库、税务检查、征收管理等职责。特殊职责，即税务局在承担环境保护税中承担的不同于其他税收的职责，包括：

（1）协同环境保护主管部门建立涉税信息共享平台和工作配合机制，制定涉税信息共享平台技术标准以及数据采集、存储、传输、查询和使用规范。

（2）将纳税人的纳税申报、税款入库、减免税额、欠缴税款以及风险疑点等环境保护税涉税信息，定期交送环境保护主管部门，包括①纳税人基本信息；②纳税申报信息；③税款入库、减免税额、欠缴税款以及风险疑点等信息；④纳税人涉税违法和受行政处罚情况；⑤纳税人的纳税申报数据资料异常或者纳税人未按照规定期限办理纳税申报的信息；⑥与环境保护主管部门商定交送的其他信息。

（3）将纳税人的纳税申报数据资料与环境保护主管部门交送的相关数据资料进行比对。

（4）发现纳税人的纳税申报数据资料异常或者纳税人未按照规定期限办理纳税申报的，可以提请环境保护主管部门进行复核，税务机关应当按照环境保护主管部门复核的数据资料调整纳税人的应纳税额。

（5）会同环境保护主管部门核定污染物排放种类、数量和应纳税额。

（6）纳税人跨区域排放应税污染物，税务机关对税收征收管辖有争议的，由争议各方按照有利于征收管理的原则协商解决；不能协商一致的，报请共同的上级税务机关决定。

（7）税务机关应当依据环境保护主管部门交送的排污单位信息进行纳税人识别。在环境保护主管部门交送的排污单位信息中没有对应信息的纳税人，由税务机关在纳税人首次办理环境保护税纳税申报时进行纳税人识别，并将相关信息交送环境保护主管部门。

（8）无偿为纳税人提供与缴纳环境保护税有关的辅导、培训和咨询服务。

## 三、配合主体

### （一）环境保护主管部门

由于当前污染物监测、排放测算涉及诸多技术和标准问题均需要专业技术人员进行指导，税务部门难以独自完成，而环保部门具有人员、设备、经验等优势，所以在税款征收过程中，环境保护主管部门需要配合税务机关的工作。

环境保护主管部门工作职责具体包括：

（1）负责对污染物进行监测管理。

（2）会同税务机关建立涉税信息共享平台和工作配合机制，制定涉税信息共享平台技术标准以及数据采集、存储、传输、查询和使用规范。

（3）应当将排污单位的排污许可、污染物排放数据、环境违法和受行政处罚情况等环境保护相关信息，定期交送税务机关。通过涉税信息共享平台向税务机关交送在环境保护监督管理中需获取的下列信息：①排污单位的名称、统一社会信用代码以及污染物排放口、排放污染物种类等基本信息；②排污单位的污染物排放数据（包括污染物排放量以及大气污染物、水污染物的浓度值等数据）；③排污单位环境违法和受行政处罚情况；④对税务机关提请复核的纳税人的纳税申报数据资料异常或者纳税人未按照规定期限办理纳税申报的复核意见；⑤与税务机关商定交送的其他信息。

（4）环境保护主管部门对税务机关提交的纳税人的纳税申报数据资料异常或者纳税人未按照规定期限办理纳税申报情况进行复核，并且在收到税务机关的数据资料之日起十五日内向税务机关出具复核意见。

（5）会同税务机关环境保护主管部门核定污染物排放种类、数量和应纳税额。

（6）发现纳税人申报的应税污染物排放信息或者适用的排污系数、物料衡算方法有误的，应当及时通知税务机关处理。

（7）无偿为纳税人提供与缴纳环境保护税有关的辅导、培训和咨询服务。

（8）对税务机关依法实施环境保护税的税务检查予以配合。

### （二）地方政府

环境保护税的征收主体不同于一般税种，应由税务机关与环保部门协助配合，充分发挥环保部门的专业优势和税务机关较强的征管能力。因此，地方政府需要承担环保部门和税务机关之间的协调和保障工作。其具体工作职责如下：（1）县级以上地方人民政府应当建立税务机关、环境保护主管部门和其他相关单位分工协作工作机制，加强环境保护税征收管理，保障税款及时足额入库。（2）各级人民政府应当鼓励纳税人加大环境保护建设投入，对纳税人用于污染物自动监测设备的投资予以资金和政策支持。（3）县级以上地方人民政府应当加强对环境保护税征收管理工作的领导，及时协调、解决环境保护税征收管理工作中的重大问题。

## 第四节　税收要素

### 一、税基

课税基础又称税基，指建立某种税或税制的经济基础或依据。在许多情况下，税基直接是征税对象数量的某种表现形式，如环境保护税的课税对象是污染物，税基是污染物的排放量。税基有实物量和价值量两种计量单位，其计量单位决定税率形式。税基为实物量时，一般采用定额税率，税基为价值量时，一般采用比例税率或累进税率。

国际通用的环境保护税的税基主要有污染性企业的产量、生产要素或消费品中所包含污染物数量、污染物排放量和浓度等。目前，《环境保护税法》采用的税基为实物量，对应于定额税率，该种计税依据能有效刺激企业技术创新，改进生产工艺过程，在很大程度上让企业充分发挥能动性[22]。基于污染物对环境的影响和单位的统一，我国环境保护税的税基分为三类。

（1）污染当量值。大气污染物和水污染物的计税依据按照污染物排放量折合的污染当量数确定。其涉及污染当量值和污染当量两个概念。污染当量指根据污染物或者污染排放活动对环境的有害程度以及处理的技术经济性，衡量不同污染物对环境污染的综合性指标或者计量单位，即不同污染物或污染排放量之间的污染危害和处理费用的相对关系。同一介质相同污染当量的不同污染物，其污染程度基本相当。以水污染为例，以水污染物一当量为基准，对其他污染物的有害程度、对生物体的毒性以及处理的费用等进行研究和测算，结果是排放 0.000 5kg 汞产生的污染危害和相应的处理费用基本相等或等值，即污水中汞污染当量值为 0.000 5kg。污染当量数以该污染物的排放量除以该污染物的污染当量值计算，由此获得纳税人排放应税大气污染物、水污染物对环境造成污染程度的具体量化指标或者数值。每种应税大气污染物、水污染物的具体污染当量值，依照《环境保护税法》所附《应税污染物和当量值表》执行。

（2）噪声超标分贝。噪声环境保护税的征收以噪声超标分贝为税基。其超标标准见表 5-1。

表 5-1　声环境功能区昼夜噪声限值

| 边界处声环境功能区类型 | 时段 | |
|---|---|---|
| | 昼间 /dB | 夜间 /dB |
| 0 | 50 | 40 |
| 1 | 55 | 45 |
| 2 | 60 | 50 |
| 3 | 65 | 55 |
| 4 | 70 | 55 |

（3）固体废物吨数。固体废物环境保护税以固体废物的排放吨数作为税基。

## 二、税目

税目即征税对象，在税法上是征税范围的具体化。环境保护税的征税范围越广，环保效果越明显，但在开征之初，对税目的选择应考虑我国当前环境监测情况、税收征管水平、污染严重程度等现实情况，分阶段依次进行。目前适宜优先引入现有排污费征收项目征管条件成熟、污染问题严重的税目。环境保护税是由排污收费制度平移而来，应综合考虑税款征收的可行性、征收效率以及纳税人的理解接受程度[99]，也为后期循序渐进扩大征税范围和整体税制改革留出空间。课税对象以原排污收费制度为基础，包括大气污染物、水污染物、固体废物和噪声四类，其具体范围依照《环境保护税税目税额表》确定。如果纳税人从事海洋工程项目向我国管辖海域排放应税大气污染物、水污染物或者固体废物，申报缴纳环境保护税的具体办法根据《海洋工程环境保护税申报征收办法》实施。

省、自治区、直辖市人民政府根据本地区污染物减排的特殊需要，可以增加同一排放口征收环境保护税的应税污染物项目数，报同级人民代表大会常务委员会决定，并报全国人民代表大会常务委员会和国务院备案。

（1）大气污染物：向环境排放影响大气环境质量的物质。总共有44种，具体税目和当量值见表5-2。每一排放口或者没有排放口的应税大气污染物，按照污染当量数从大到小排序，对前三项污染物征收环境保护税。

表5-2　大气污染物和当量值表

| 污染物 | 污染当量值 /kg |
| --- | --- |
| 1. 二氧化硫 | 0.95 |
| 2. 氮氧化物 | 0.95 |
| 3. 一氧化碳 | 16.7 |
| 4. 氯气 | 0.34 |

续表

| 污染物 | 污染当量值 /kg |
| --- | --- |
| 5. 氯化氢 | 10.75 |
| 6. 氟化物 | 0.87 |
| 7. 氰化氢 | 0.005 |
| 8. 硫酸雾 | 0.6 |
| 9. 铬酸雾 | 0.000 7 |
| 10. 汞及其化合物 | 0.000 1 |
| 11. 一般性粉尘 | 4 |
| 12. 石棉尘 | 0.53 |
| 13. 玻璃棉尘 | 2.13 |
| 14. 碳黑尘 | 0.59 |
| 15. 铅及其化合物 | 0.02 |
| 16. 镉及其化合物 | 0.03 |
| 17. 铍及其化合物 | 0.000 4 |
| 18. 镍及其化合物 | 0.13 |
| 19. 锡及其化合物 | 0.27 |
| 20. 烟尘 | 2.18 |
| 21. 苯 | 0.05 |
| 22. 甲苯 | 0.18 |
| 23. 二甲苯 | 0.27 |
| 24. 苯并［$a$］芘 | 0.000 002 |
| 25. 甲醛 | 0.09 |
| 26. 乙醛 | 0.45 |
| 27. 丙烯醛 | 0.06 |
| 28. 甲醇 | 0.67 |
| 29. 酚类 | 0.35 |

续表

| 污染物 | 污染当量值 /kg |
|---|---|
| 30. 沥青烟 | 0.19 |
| 31. 苯胺类 | 0.21 |
| 32. 氯苯类 | 0.72 |
| 33. 硝基苯 | 0.17 |
| 34. 丙烯腈 | 0.22 |
| 35. 氯乙烯 | 0.55 |
| 36. 光气 | 0.04 |
| 37. 硫化氢 | 0.29 |
| 38. 氨 | 9.09 |
| 39. 三甲胺 | 0.32 |
| 40. 甲硫醇 | 0.04 |
| 41. 甲硫醚 | 0.28 |
| 42. 二甲基二硫 | 0.28 |
| 43. 苯乙烯 | 25 |
| 44. 二硫化碳 | 20 |

（2）水污染物：向环境排放影响水环境质量的物质。废水包括工业废水、农业废水和生活污水。纳税的水污染物分为两类，共61种，见表5-3。第一类污染物主要是对人体危害程度较高的重金属。每一排放口的应税水污染物，按照污染当量数从大到小排序，对第一类水污染物按照前五项征收环境保护税，对其他类水污染物按照前三项征收环境保护税。

表 5-3　第一类水污染物和当量值表

| 污染物 | 污染当量值 /kg |
|---|---|
| 1. 总汞 | 0.000 5 |
| 2. 总镉 | 0.005 |
| 3. 总铬 | 0.04 |

续表

| 污染物 | 污染当量值 /kg |
|---|---|
| 4. 六价铬 | 0.02 |
| 5. 总砷 | 0.02 |
| 6. 总铅 | 0.025 |
| 7. 总镍 | 0.025 |
| 8. 苯并［*a*］芘 | 0.000 000 3 |
| 9. 总铍 | 0.01 |
| 10 总银 | 0.02 |

表 5-4　第二类水污染物和当量值表

| 污染物 | 污染当量值 /kg |
|---|---|
| 11. 悬浮物（SS） | 4 |
| 12. 生化需氧量（$BOD_5$）* | 0.5 |
| 13. 化学需氧量（$COD_{Cr}$）* | 1 |
| 14. 总有机碳（TOC）* | 0.49 |
| 15. 石油类 | 0.1 |
| 16. 动植物油 | 0.16 |
| 17. 挥发酚 | 0.16 |
| 18. 总氰化物 | 0.05 |
| 19. 硫化物 | 0.125 |
| 20. 氨氮 | 0.8 |
| 21. 氟化物 | 0.5 |
| 22. 甲醛 | 0.125 |
| 23. 苯胺类 | 0.2 |
| 24. 硝基苯类 | 0.2 |
| 25. 阴离子表面活性剂（LAS） | 0.2 |

续表

| 污染物 | 污染当量值 /kg |
| --- | --- |
| 26. 总铜 | 0.1 |
| 27. 总锌 | 0.2 |
| 28. 总锰 | 0.2 |
| 29. 彩色显影剂（CD-2） | 0.2 |
| 30. 总磷 | 0.25 |
| 31. 单质磷（以 P 计） | 0.05 |
| 32. 有机磷农药（以 P 计） | 0.05 |
| 33. 乐果 | 0.05 |
| 34. 甲基对硫磷 | 0.05 |
| 35. 马拉硫磷 | 0.05 |
| 36. 对硫磷 | 0.05 |
| 37. 五氯酚及五氯酚钠（以五氯酚计） | 0.25 |
| 38. 三氯甲烷 | 0.04 |
| 39. 可吸附有机卤化物（AOX）（以 $Cl^-$ 计） | 0.25 |
| 40. 四氯化碳 | 0.04 |
| 41. 三氯乙烯 | 0.04 |
| 42. 四氯乙烯 | 0.04 |
| 43. 苯 | 0.02 |
| 44. 甲苯 | 0.02 |
| 45. 乙苯 | 0.02 |
| 46. 邻 - 二甲苯 | 0.02 |
| 47. 对 - 二甲苯 | 0.02 |
| 48. 间 - 二甲苯 | 0.02 |
| 49. 氯苯 | 0.02 |

续表

| 污染物 | 污染当量值 /kg |
| --- | --- |
| 50. 邻二氯苯 | 0.02 |
| 51. 对二氯苯 | 0.02 |
| 52. 对硝基氯苯 | 0.02 |
| 53.2,4- 二硝基氯苯 | 0.02 |
| 54. 苯酚 | 0.02 |
| 55. 间 - 甲酚 | 0.02 |
| 56.2,4- 二氯酚 | 0.02 |
| 57.2,4,6- 三氯酚 | 0.02 |
| 58. 邻苯二甲酸二丁酯 | 0.02 |
| 59. 邻苯二甲酸二辛酯 | 0.02 |
| 60. 丙烯腈 | 0.125 |
| 61 总硒 | 0.02 |

注：* 同一排放口中的化学需氧量、生化需氧量和总有机碳，只征收一项。

**表 5-5　pH 值、色度、大肠杆菌、余氯量水污染物和当量值表**

| 污染物 | | 污染当量值 | 备注 |
| --- | --- | --- | --- |
| 1.pH 值 | 0～1，13～14 | 0.06t 污水 | pH 值 5～6 指小于等于 5，大于等于 6；pH 值 9～10 指大于等于 9，小于等于 10，其余类推 |
| | 1～2，12～13 | 0.125t 污水 | |
| | 2～3，11～12 | 0.25t 污水 | |
| | 3～4，10～11 | 0.5t 污水 | |
| | 4～5，9～10 | 1t 污水 | |
| | 5～6 | 5t 污水 | |
| 2. 色度 | | 5t 水·倍 | |
| 3. 大肠杆菌群数（超标） | | 3.3t 污水 | 大肠杆菌群数和余氯量只征收一项 |
| 4. 余氯量（用氯消毒的医院废水） | | 3.3t 污水 | |

表 5-6　禽畜养殖业、小型企业和第三产业水污染物和当量值表

<table>
<tr><th colspan="2">类型</th><th>污染当量值</th><th>备注</th></tr>
<tr><td rowspan="3">禽畜养殖场</td><td>牛</td><td>0.1 头</td><td rowspan="3">仅对存栏规模大于 50 头牛、500 头猪、5 000 羽鸡鸭等的禽畜养殖场征收</td></tr>
<tr><td>猪</td><td>1 头</td></tr>
<tr><td>鸡、鸭等家禽</td><td>30 羽</td></tr>
<tr><td colspan="2">小型企业</td><td>1.8t 污水</td><td></td></tr>
<tr><td colspan="2">饮食娱乐服务业</td><td>0.5t 污水</td><td></td></tr>
<tr><td rowspan="4">医院</td><td rowspan="2">消毒</td><td>0.14 床</td><td rowspan="4">医院病床数大于 20 张的按本表计算污染当量数</td></tr>
<tr><td>2.8t 污水</td></tr>
<tr><td rowspan="2">不消毒</td><td>0.07 床</td></tr>
<tr><td>1.4t 污水</td></tr>
</table>

注：本表仅适用于计算无法实际检测或者物料衡算的禽畜养殖业、小型企业和第三产业等小型排污者的水污染物污染当量数

（3）固体废物：在工业生产活动中产生的固体废物和医疗、预防和保健等活动中产生的医疗废物，以及省、自治区、直辖市人民政府确定的其他固体废物。包括煤矸石、冶炼渣、粉煤灰、炉渣和其他固体废物。其他固体废物涉及面广，包括建筑垃圾、生活垃圾、电子废物、畜禽养殖废弃物等。由于各地固体废物产生、排放情况以及治理目标不同，各地对固体废物的监管水平也有明显差异。环境保护税法实施条例规定，其他固体废物的具体范围由省级人民政府提出，报同级人民代表大会决定。

（4）噪声：噪声污染是指排放的音量超过人和动物的承受能力，从而妨碍人或动物的正常生活的一种现象[99]。应税噪声仅针对工业噪声。其界定参考《环境噪声污染防治法》第二十二条，本法所称工业噪声“工业生产活动中使用固定的设备时产生的干扰周围生活环境的声音”，超标标准参考《工业企业厂界环境噪声排放标准》（GB 12348—2008），见表 5-1。

## 三、税率

### （一）设计思路

1. 税率形式

税率是税额与课税对象之间的数量关系或比例关系，是课税的尺度。税率是整个税收范畴和税收制度的核心要素，是计算税额的依据和标准。在课税对象既定的前提下，国家征税的数量与纳税人的微观税收负担水平主要取决于税率，国家一定时期的税收政策导向也在很大程度上体现在税率方面。科学合理地设计税率是税收负担在政策上能否实现真正公平、高效、合理分配的关键。因此，如何设置每一个税种的税率成为微观税收负担合理分配的重点。

税率一般分为定额税率、比例税率、累进税率。（1）定额税率是指征税对象的计量单位直接规定为纳税的绝对额的税率形式，适用于从量征收的税种。（2）比例税率指对同一征税对象不分数额大小，规定相同的征税比例的税率。流转税一般都实行比例税率。比例税率又分为统一比例税率和差别比例税率。前者指一种税只设置一种比例税率，所有纳税人都按同一税率纳税；后者指一种税设两种或以上的比例税率。（3）累进税率又称累进税制，指随同征税对象数量的增大，征税比例随之提高的税率。一般适用于收益、财产征税。它可分为全额累进税率和超额累进税率。此外，由于计税依据、减税免税、加成征税、加倍征税、偷税漏税等原因造成纳税人的实际税率与税法所规定的税率即名义税率不相等。

由于污染物的排放对生态的破坏程度与其数量直接相关，而与其价值量无关。同时，从价税可能诱导企业通过降低商品质量来降低价格，而不是减少污染。故环境保护税应采用从量计征的方式，税率采取定额税率形式。从2008年年底开始，我国污染源在线监控网络已陆续开始运行，这些设备可以对企业排污情况进行全天候的监测并形成及时数据，这些数据可以为水污染税的计税依据提供参考标准[24,99]。

2. 税率水平

在环境保护税实施的过程中，会不可避免地对纳税人的经济行为产生制约，从而影响经济增长。因此开设环境保护税能否达到保护环境的预期效果，税率水平的设计是关键。税率过高，会抑制生产和消费，降低经济发展速度，增加社会成本；税率过低，则会妨碍税收宏观调控功能的实现。

（1）税收负担适宜。从宏观上，确定税率应当遵循宏观税收强度中性原则，即在开征环境保护税的同时，降低其他税种（流转税、所得税等）的税负，从而保持宏观税负水平不变。这样做，实质是通过税收结构的优化达到增强税制绿化和减少改革阻力的“双重红利”[24]。

从微观上，税率应在考虑环境污染外部成本有效内部化的同时也考虑企业的经济负担，以达到激励企业防范与治理污染行为的目的。

（2）差别税率。综合考虑环境污染的治理成本、经济技术发展水平、不同地区的环境污染程度及其环境治理目标，我国的环境保护税收制度可按照污染物种类、污染物浓度、地区、时间等实行差别税率[97]。

在区域性问题上。环境保护税税率的设计不能高度统一，应当体现出地区差别，因为全国各地的自然环境、气候条件、生态系统、人口密度、经济规模、产业结构等都有着明显的差异，尤其是地区环境容量。自然界本身对污染源有一定的自我吸收净化能力，但在超过这种能力范围后，某个区域的环境质量就会急剧恶化。同等的污染量在不同地区的边际社会损害程度也不尽相同，因此不宜全国统一实行单一税率，应根据污染物在不同地区对自然界的边际影响程度和污染物的特点，设计有幅度差别的税率。对有利于自然资源合理开发利用与保护的“绿色产业”和替代资源的产业实行零税率，对于造成环境污染的产业实行惩罚性税率。差别税率要设计详细，充分发挥差别税率的导向功能。当地政府应根据地区实际，在国家规定的幅度范围内进行选择或调整。

在税率动态调整机制问题上。中央和地方政府应当根据环境保护部门对环境状况的监测数据进行趋势分析和污染源结构性分析，来判断环境改善和恶化的实际情况，结合当前和今后一段时期的经济运行情况，对不同污染行为和污染产品的税率进行调高或降低等适时调整。一般情况下，对需求弹性大的污染产品征税环境效益显现较快，对需求弹性小的污染产品征税环境效益显现较缓。从经济学意义上讲，税率可以看作类似于竞争价格，与边际产量和边际替代率一起趋于最优值。税收规模对产出水平和污染程度的影响是一个收敛的反复迭代的过程，通过不断地对税率进行动态调整，环境效益与税收收入规模可能接近交叉点，逐步达到最佳平衡水平。适时作出税率调整有利于建立起比较完善的动态调整机制，从而发挥税收杠杆对生态环境保护的调控作用。在开征的起始阶段，应当采用低税率，首先形成框架，以后再逐步提高税率水平，这样可以更好地引导企业技术改造的推进[24]。

3. 税率确定

从理论上，最优环境税可以通过成本效益最大化分析得出，即边际环境成本等于边际环境收益时所对应的税率即为最优环境税率，此时可达到社会福利的帕累托最优。当有完全竞争市场形态，同时交易性成本为零时，最优税率将可同时满足经济效率与公平的要求[99]，即最佳资源配置下每单位污染物引起的边际污染成本即为环境保护税的最优税率。

但在实践中如何准确计算环境成本与效益仍是多年来无法突破的困境。因为此时所谓的成本与效益值包含着诸如经济、社会、人文与环境的影响，并且影响效果是跨期性的，何况在实际评估过程中，还存在着如何将外部成本内部化，如何评估各项非市场性价值的困难。以碳税为例，诺德豪斯等先后设计了动态整合气候经济模型（Dynamic Integrated Climate Economy，DICE）、地区整合气候经济模型（Regional Integrated

Climate Economy，RICE）和碳税排放轨迹评估模型（Carbon Emission Trajectory Assessment，CETA），但是由于这些模型过于复杂而且建立在一些理想的假设之上，在实际中难以应用[99]。因此，要确定环境保护税税率，必须做到尽可能正确地估算环境资源的损害和污染程度以及治理费用，深入分析、借鉴国外成熟的税率规律，在此基础上，紧密结合我国税制实际全面估算后才能确定。此外，环境保护税应高于企业为治理污染采取技术措施的边际成本，方能达到激励企业进行污染治理的目的[100]。

关于环境税的最优税率，理论上主要包括两种思路：第一，根据庇古税征税原则，征税应使污染企业的私人边际成本等于社会边际成本。即环境税最优税率应能保证纳税人的税收损失与其排污行为造成的环境边际损失相等。第二，根据公共产品理论，环境很大程度上属于公共物品，政府提供优质环境的支出必然来源于对污染征税。最优环境税税率应使纳税人纳税额之和与环境保护的边际成本相等。

上述两种思路分别从外部性理论和公共产品理论角度，对环境税最优税率进行了设计，为构建最优环境税税率提供了理论支撑。但是由于理论假设甚为严格，与实际运行存在一定差距，很难实际运用。因此，常采用基于理论加入现实因素的改良测算方法。第一，源于外部性理论的污染者付费原则，具体测算方法包括环境治理成本分摊法、污染控制成本法、环境退化成本法。第二，以公共产品理论为依据的受益者付费原则，主要指一般环境税税率法。环境治理成本分摊法是根据达到一定环境标准的污染治理费用与污染物排放量之比得到环境税税率。此方法计算简便，能够筹集足够的税收用于环境治理。需要注意的是，可获取治理环境的费用是影响测算准确性的关键。污染控制成本法中的环境税税率是由每期控制污染设备的费用除以当期污染排放减少量得到。这种方法可以有效地控制企业的排污行为，但税率往往较低，税额较少。环境退化成本法是指通过计算环境污染（环境退化）造成的成本，结合污染物排放量计算环境税税率。在理论上该方法最接近于帕累托最优，但环境退化成本计量的难度较大，且得到的税率往往较高，企业税负较重。一般环境税税率法是指由于全民享受了环境这一公共产品，必须都为之付费（税），将环境治理成本平摊至每一个企业和个人，所得出的税率水平。虽然此法能够筹集环保资金，但是，却没有体现对污染企业的惩罚机制，不利于企业节能减排，且对未实施污染行为的纳税人不公平。

目前，环境税税率的设计应采取从量定额税率的征收方式，分税目确定定额量和税率。确定其税率主要有三个参考依据：一是现行排污费的征收标准；二是治理污染的实际成本；三是应当随通货膨胀变化或行业结构变化，而定期调整税率（如英国的气候变化税、旅客机场税，就是随通货膨胀变化和行业工艺水平变化而逐步调整税率[24]。根据我国当前的实际情况，《环境保护税法》通过排污收费平移而来，即采用环境治理成本分摊法。其税率测算公式如下：

税率＝环境治理成本 / 污染当量数　　（5.1）

其中，　污染当量数＝污染排放量 / 污染当量值。　　（5.2）

### （二）全国税额标准

环境保护税的税率在《环境保护税法》中的具体表现形式为税额标准。除了上述征税范围外，税额（税率）是最为核心的要素，它关系到环境保护税的税负水平和调节力度。从对污染治理效果来看，应当根据污染物的实际治理成本来确定税额水平；应当区别达标排放和超标排放，设计差别税额，以激励企业改进生产工艺和进行末端治理，但也要兼顾企业负担能力[101]。从经济学上来讲，环境保护税的税收总量应当高于企业为治理环境污染采取技术措施的预期边际成本，政府为消除纳税人的外部环境污染所需的全部费用而收取的最低限额的费用补偿[97]。《环境保护税法》对我国四类应税污染物的税额标准进行了规定，具体见表5-7，各省市环境保护税的具体税额可参考此标准并结合地区情况进行确定。

表 5-7　环境保护税税目税额表

<table>
<tr><th colspan="2">税目</th><th>计税单位</th><th>税额</th></tr>
<tr><td colspan="2">大气污染物</td><td>每污染当量</td><td>1.2 元至 12 元</td></tr>
<tr><td colspan="2">水污染物</td><td>每污染当量</td><td>1.4 元至 14 元</td></tr>
<tr><td rowspan="4">固体废物</td><td>煤矸石</td><td>每吨</td><td>5 元</td></tr>
<tr><td>尾矿</td><td>每吨</td><td>15 元</td></tr>
<tr><td>危险废物</td><td>每吨</td><td>1 000 元</td></tr>
<tr><td>冶炼渣、粉煤灰、炉渣、其他固体废物（含半固态、液体废物）</td><td>每吨</td><td>25 元</td></tr>
<tr><td rowspan="6">噪声</td><td rowspan="6">工业噪声</td><td>超标 1 ～ 3 分贝</td><td>350 元 / 月</td></tr>
<tr><td>超标 4 ～ 6 分贝</td><td>700 元 / 月</td></tr>
<tr><td>超标 7 ～ 9 分贝</td><td>1 400 元 / 月</td></tr>
<tr><td>超标 10 ～ 12 分贝</td><td>2 800 元 / 月</td></tr>
<tr><td>超标 13 ～ 15 分贝</td><td>5 600 元 / 月</td></tr>
<tr><td>超标 16 分贝以上</td><td>11 200 元 / 月</td></tr>
</table>

### （三）各省市税额设定

《环境保护税法》第六条规定："应税大气污染物和水污染物的具体适用税额的确定和调整，由省、自治区、直辖市人民政府统筹考虑本地区环境承载能力、污染物排放现状和经济社会生态发展目标要求，在本法所附《环境保护税税目税额表》规定的税额幅度内提出，报同级人民代表大会常务委员会决定，并报全国人民代表大会常务委员会和国务院备案。"因此，除了固体废物和噪声依照《环境保护税法》税额标准执行外，各省市可自行制定大气和水污染物的应税标准。环境保护税在"费改税"后税收征管的标准要高一些，在当前经济形势下，地方政府在制定本区域环境保护税征收标准时既要发挥环境保护税治理污染、促进企业更多采用节能环保的技术和设备，还要考虑到企业承受能力，改革需要掌握节奏、平衡各方面因素。

据统计，我国31个省、市和自治区（不包括香港特别行政区、澳门特别行政区和台湾地区）的各自税额方案均已通过地方人大常委会。各省原排污费适用不同的标准、有高有低，各省“费改税”思路也有不同。原排污费标准“平移”为环境保护税税额的占据主流，部分省份相应提高了标准。各省市对大气污染物和水污染物的税额标准大致可分为较高水平、中间水平和最低税额三类，京津冀地区、长三角地区税额标准较高，大部分中部地区综合考虑省内环境承载能力（拟）提高税额标准，西部地区、东北地区和少部分中部省份平移了原排污费标准。其中，河北、江苏两省在省内不同区域确定了差异化的税额，内蒙古、上海、重庆、云南4省（自治区、直辖市）税额采取分年逐步提高到位方式。北京市按高限确定税额，其大气、水污染物税额分别为每污染当量12元和14元。全国环境保护税税额标准空间分布具体数值见表5-8。

表5-8　各省市拟定税额表

| 税额水平 | 省份（自治区、直辖市） | 大气污染物/（元/污染当量） | 水污染物/（元/污染当量） |
| --- | --- | --- | --- |
| 较高水平 | 北京市 | 12 | 14 |
| | 天津市 | 10 | 12 |
| | 河北省 | 4.8～9.6/4.8～6/4.8 | 5.6～11.2/5.6～7/5.6 |
| | 江苏省 | 4.8～8.4 | 5.6～8.4 |
| | 上海市 | 1.2～7.6（2018）；<br>1.2～8.55（2019） | 1.4～5 |
| | 河南省 | 4.8 | 5.6 |
| 中间水平 | 四川省 | 3.9 | 2.8 |
| | 重庆市 | 2.4（2018）；3.5（2021） | 3 |

续表

| 税额水平 | 省份<br>（自治区、直辖市） | 大气污染物 /<br>（元 / 污染当量） | 水污染物 /<br>（元 / 污染当量） |
|---|---|---|---|
| 中间水平 | 云南省 | 1.2（2018）；2.8（2019） | 1.4（2018）；3.5（2019） |
| | 湖南省 | 2.4 | 3 |
| | 内蒙古自治区 | 1.2（2018）；1.8（2019）；2.4（2020） | 1.4（2018）；2.1（2019）；2.8（2020） |
| | 贵州省 | 2.4 | 2.8 |
| | 海南省 | 2.4 | 2.8 |
| | 广东省 | 1.8 | 2.8 |
| | 广西壮族自治区 | 1.8 | 2.8 |
| | 山西省 | 1.8 | 2.1 |
| | 山东省 | 1.2 ～ 6.0 | 1.4 |
| | 湖北省 | 1.2 ～ 2.4 | 1.4 ～ 2.8 |
| | 浙江省 | 1.2 ～ 1.8 | 1.4 ～ 1.8 |
| | 福建省 | 1.2 | 1.4 ～ 1.5 |
| 最低税额 | 陕西省 | 1.2 | 1.4 |
| | 江西省 | 1.2 | 1.4 |
| | 辽宁省 | 1.2 | 1.4 |
| | 吉林省 | 1.2 | 1.4 |
| | 青海省 | 1.2 | 1.4 |
| | 甘肃省 | 1.2 | 1.4 |
| | 新疆维吾尔族自治区 | 1.2 | 1.4 |
| | 宁夏回族自治区 | 1.2 | 1.4 |
| | 安徽省 | 1.2 | 1.4 |

续表

| 税额水平 | 省份<br>（自治区、直辖市） | 大气污染物 /<br>（元 / 污染当量） | 水污染物 /<br>（元 / 污染当量） |
|---|---|---|---|
| 最低税额 | 黑龙江省 | 1.2 | 1.4 |
| | 西藏自治区 | 1.2 | 1.4 |

## 四、定额量

环境保护税定额量即污染物排放量，其计算包括污染物排放口、污染物监测和污染物排放量计算三个部分。

### （一）排放口

排放口是指纳税人向环境排放大气污染物、水污染物的管道、沟渠和场所。从两个以上排放口排放污染物的，对每一个排放口排放的应税污染物分别计算征收环境保护税。排污口应当依照法律法规和国务院环境保护相关主管部门的规定设置。

### （二）污染物监测

《环境保护税法》第十条规定，应税大气污染物、水污染物、固废排放量、噪声分贝数，按下列方法和顺序计算：

（1）具备监测条件：①自动监测：纳税人安装使用符合国家规定和监测规范的污染物自动监测设备的，按照污染物自动监测数据计算（主要包括国家重点监控企业——其排放量占全社会主要污染物排放量 80% 左右）②手工监测：纳税人未安装使用污染物自动监测设备的，按照监测机构（委托环保部门监测机构 / 第三方监测机构）或自行对污染物手工监测，出具的符合国家有关规定和监测规范的监测数据进行计算。

（2）因排放污染物种类多等原因不具备监测条件：③公式计算——采用排污系数、物料衡算方法。④抽样测算：不能按照前三种方法计算的，按照省、自治区、直辖市人民政府环境保护主管部门规定的抽样测算的方法核定计算，具体见图 5-2。

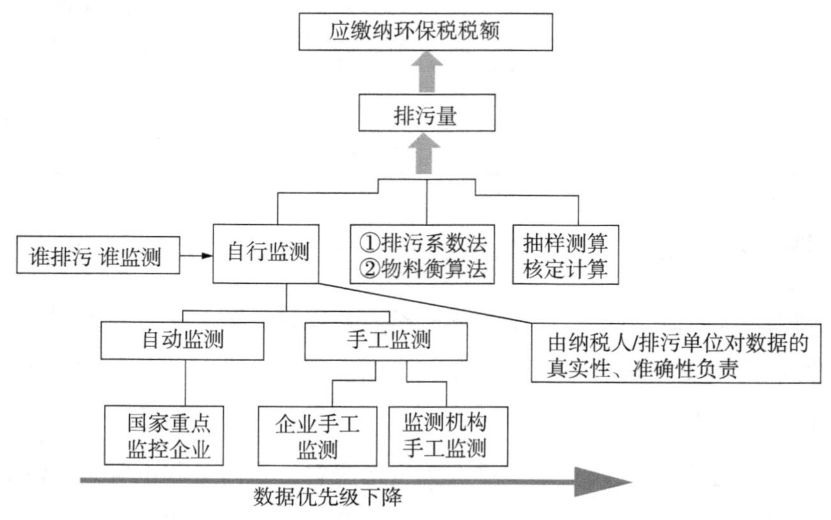


图 5-2　应税污染物监测方法选择示意图

## （三）排放量计算

应税污染物排放量通过计算实际排放量或实际产生量得出。其中，应税排放量 = 实际排放量 = 产生量 − 环保设施去除量，适用于一般计算；应税排放量 = 实际产生量，适用于纳税单位故意造成申报数据无效的情形。纳税污染物排放量按照下列方法和顺序确定。

1. 实测法

实测法是指通过现场测定得到的污染物产生或排放相关数据，进而核算出污染物单位时间产生量或排放量的方法。采用实测法核算废气、废水污染源源强是通过自动在线连续监测系统或手工监测等手段，获取废气量或废水量、浓度等相关数据，计算确定废气或废水污染物单位时间产生量或排放量。采用实测法核算噪声源强是通过测量仪器获取振动的单位时间产生量或排放量。

对于固体废物排放的计算，计算公式为：

固体废物的排放量＝当期固体废物的产生量－当期固体废物的综合利用量－当期固体废物的贮存量－当期固体废物的处置量　（5.3）

其中，固体废物的产生量的计算方法由国务院环境保护主管部门规定；综合利用量是指符合国务院发展和改革、工业和信息化主管部门关于资源综合利用要求、免征环境保护税的固体废物综合利用量；固体废物的贮存量、处置量是指符合环境保护法律法规相关要求以及国家和地方污染控制标准的固体废物贮存、处置量。如果纳税人有下列情形之一的，其应税固体废物的排放量按照当期固体废物的产生量计算：

（1）未按照规定的期限办理纳税申报，经税务机关责令嫌弃申报，逾期仍不申报的；

（2）进行虚假纳税申报的；

（3）非法倾倒应税固体废物的。

噪声超标分贝计算时应该注意如下问题：

（1）一个单位边界上有多处噪声超标，根据最高一处超标声级计算；当沿边界长度超过 100m 有两处以上噪声超标，按照两个单位计算。

（2）一个单位有不同地点作业场所的，应当分别计算，合并计征。

（3）昼夜均超标的环境噪声，昼、夜分别计算，累计计征。

（4）声源一个月内超标不足 15 天的，减半计算。

（5）夜间频繁突发和夜间偶然突发厂界超标噪声，按等效声级和峰值噪声两种指标中超标分贝值高的一项计算。

2. 物料衡算法

物料衡算法是指根据质量守恒定律，利用物料数量或元素数量在输入端与输出端之间的平衡关系，计算确定污染物单位时间产生量或排放量的方法。环境保护税法中的物料衡算方法由国务院环境保护主管部门制定并向社会公布。物料衡算可通过两种途径实现：一是物料的平衡计算，直接确定废气、废水或固体废物的污染物单位时间产生量或排放量，如水平衡计算、酸平衡计算等。二是通过某种元素的平衡计算，确定进入废气、废水或固体废物中的相应元素数量，并折算相关污染物的单位时间产生量或排放量，如硫平衡计算、氟平衡计算、金属平衡计算等。例如工业锅炉、钢铁行业中的烧结工序、炼油工序等行业通过硫平衡的计算可以计算出燃料中或原料中硫分的转化、产污、排污量。

物料衡算可按需要围绕整个生产过程或生产过程的某一部分、单元操作、反应过程、设备的某一部分或设备的微分单位进行，这种为进行物料衡算在生产过程中截取的某一空间范围称为控制体。根据质量守恒定律，通过物料衡算可得知进入控制体的物料质量和组成与离开控制体的物料质量和组成之间的关系。生产过程中的物料衡算示意图如图 5-3 所示。

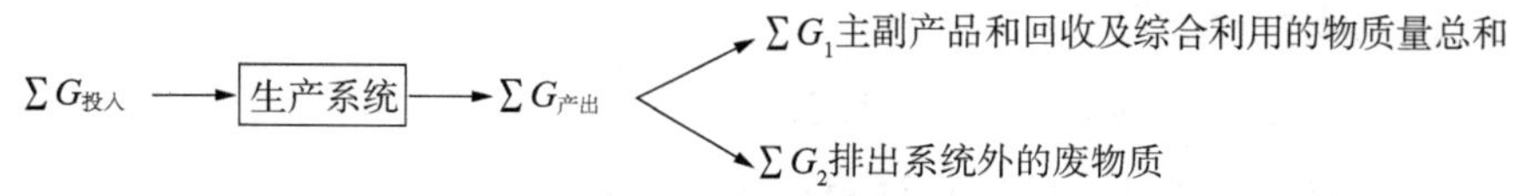


图 5-3 生产过程中的物料衡算示意图

注：$\sum G_{投入}$——投入物料量总和；$\sum G_{产出}$——产出物料量总和。

具体来说，物料衡算是在工艺流程确定后进行的，根据原料与产品之间的定量转化关系，计算原料的消耗量，各种中间产品、产品和副产品的产量，生产过程中各阶段的消耗量以及组成，进而为产污量衡算、其他物料流失量的分析计算奠定基础。在污染物产出计算过程的分析过程中，物料衡算法是把资源（原材料、水源、能源）的消耗量、生产工艺和管理的水平、工业污染源的产污量建立相应的平衡方程，把污染治理设施的去除率、运行率和污染物的排放量建立相应的平衡方程。物料衡算的依据有：①产品的生产工艺过程；②产品形成的化学和物理方式和条件；③要计算的污染物在原材料、中间产品、产品、副产品、回收品种的当量关系；④产品产量、纯度、原材料消耗量及杂质含量、回收品数量及纯度、产品的转化率、污染物的去除率、去除量等。物料衡算应该得到被统计单位最新的生产工艺、能耗、物耗、产品产量、生产工况、监测数据、产排污系数等基础资料，这都是进行物料衡算的基础。

适用于物料衡算法计算应税污染物排放量的情形有：（1）未按照国家规定安装污染物自动检测设备并联网的；（2）污染物自动监测数据不符合国家相关规定和监测规范，或者擅自移动、改变、损毁污染物自动检测设备的；（3）委托的监测机构出具的监测数据不符合国家相关规定和监测规范，或者篡改、伪造监测数据的；（4）通过暗管、渗井、渗坑、灌注或者稀释排放、不正常运行污染物污染物防治设施等逃避监管方式，违法排放应税污染物的。

3. 排污系数法

排污系数法是指根据不同的原燃料、产品、工艺、规模和治理措施，选取相关行业污染源源强核算技术指南给定的排污系数，结合单位时间产品产量直接计算确定污染物单位时间排放量的方法。排污系数一般在产污系数确定的基础上计算得出，如无治理措施，排污系数与产污系数相等。适用于排污系数法计算应税污染物排放量的情形和数据来源与物料衡算法的相同。

产污系数即污染物产生系数，是指在典型工况生产条件和正常技术经济和管理等条件下，生产单位产品或产生污染活动的单位强度所产生某种污染物的原始污染量。适用于没有污染治理设施的情况，生产某单位产品所排放某种污染物的数量与污染物产生数量相同，许多小型排污单位属于这种情况。

排污系数是指在典型工况生产条件和正常技术经济和管理等条件下，生产单位产品或产生污染活动的单位强度向外环境所排放某种污染物的污染量。适用于有污染治理设施的情况，如果考虑治理设施的去除率，生产某单位产品的某种污染物的排污系数（简称排放系数）一般都小于产污系数。有时排放系数也会大于产污系数，这时排污系数的波动性较大，受污染治理设施的技术水平、运行水平和人员的操作水平影响很大，这时多采用产污系数，而排污系数多依据排污单位实际的污染物去除率计算。

产污系数与产品生产工艺、原材料、规模、设备技术水平等相关，排污系数不仅与产污系数影响因素有关，还与实际污染控制措施的效果有关。产污系数和排污系数的数值是在企业正常生产条件下，通过实测法、物料衡算法或调查所得到的单位产品产生或排放某种污染物的数量。然而，乡镇和个体工业中的多数企业仍处于技术水平低、规模小、生产工艺落后、管理水平低的生产情况，对乡镇和个体工业污染源的污染物排放系数，目前还不宜按生产规模和技术水平等条件进行分级使用。在环境管理中，若某些企业生产规模不大，生产的产品又比较杂，通常还可以使用每生产 1 万元产值所排放污染物的数量（简称万元产值排污系数）作为某行业的排污系数。对于缺乏监测数据的小企业可以根据国家和省级环保机构利用监测数据和物料衡算确定的产品排污系数 $K$，用系数法根据产量或生产规模进行估算：

$$G = KM \tag{5.4}$$

式中：$K$——污染物排放系数；

$M$——产品产量。

需要注意以下三点：（1）在确定终端排污系数时，应尽量选取污染物典型削减治理技术进行测算，以减少工作量。（2）当需要使用治理设施处理率确定排污系数时，应慎重选用治理设施处理率参数，原则上不能用设计值，要求进行实测。（3）根据产污系数确定综合排污系数时，相应的各种权重系数原则上应与确定产污系数是同一值，个别情况可作调整或修正。

4. 抽样测算

不能按照前三种方法计算的，按照省、自治区、直辖市人民政府环境保护主管部门规定的抽样测算的方法核定计算。对环境保护税法所附《畜禽养殖业、小型企业和第三产业水污染物当量值》中未列明的畜禽种类，其应税污染物排放量的计算方法由各省、自治区、直辖市人民政府环境保护主管部门确定，并向社会公布。

污染物产污系数的确定通常要经过对某行业的许多生产工艺进行划类选点典型调查，先将总体划分出典型类别，然后在每个类别中进行抽样调查和数据分析，保证其代表性和随机性。再采用实测法、物料衡算法和专家咨询等方法确定污染物产生量。确定产污系数一般不考虑污染物的去除率，因为产污系数对同一生产工艺或产品有一定的共性，考虑污染物去除率后，突出了某一排污单位的个性。

典型调查也是一种非全面调查，它是从众多的调查研究对象中有意识地选择若干个具有代表性的典型单位进行深入、周密、系统地调查研究。进行典型调查的主要目的不在于取得社会经济现象的总体数值，而在于了解与有关数字相关的具体情况。

一般来说，典型调查有两种类型：（1）一般的典型调查。即对个别典型单位的调查研究。在这种典型调查中，只需在总体中选出少数几个典型单位，通过对这几个典型单位的调查研究，用以说明事物的一般情况或事物发展的一般规律。（2）具有统计特征的划类选点典型调查。即将调查总体划分为若干个类，再从每类中选择若干个典型进行调查，以说明各类的情况。可以以“四同组合”（产品、原料、生产工艺、规模）进行划类，在每一类中再进行典型调查。

## 五、税额

### （一）税额计算

应纳税额在以上四种税收要素基础上计算获得。大气和水污染物应纳税额计算步骤如图 5-3 所示。其中，大气污染物对每一排放口征税的污染物种类数，以污染当量数从大到小排序，对大气污染物按照前三项征收。

水污染物对每一排放口征税的污染物种类数，以污染当量数从大到小排序。第一类水污染物按照前五项征收，对其他水污染物按照前三项征收；对于冷却水、矿井水等排放污染物的污染当量数计算，应扣除进水的本底值。固体废物的应纳税额＝固体废物的排放量 × 具体使用税额。应税噪声的应纳税额＝超过国家规定标准的分贝数 × 具体使用税额。

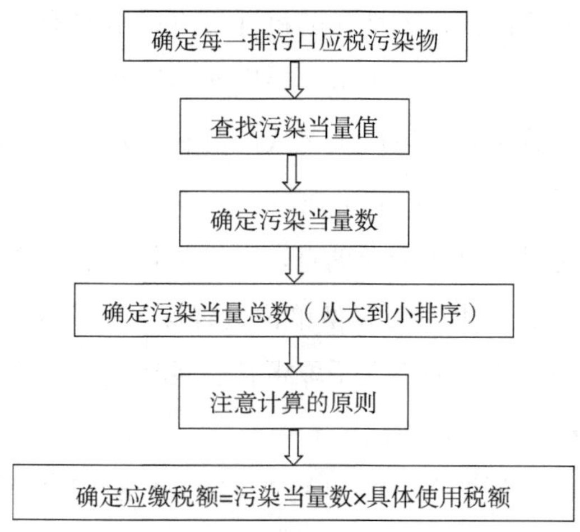


图 5-3　大气和水污染物应纳税额计算步骤示意图

### （二）税收优惠

税收优惠措施是指国家对企业改进技术和工艺流程，减少污染物排放和资源损耗所给予正面性的税收激励或间接的财政帮助的税收优惠，即指对低能耗、低排放、无污染、高效率、有利于生态环境保护的生产和消费行为给予一定的税收减免。环境保护税税收优惠措施具体的形式主要包括投资抵免、加速折旧、免除税收等税收减免、生态补贴等措施[24]。

为了较好地贯彻“少排污少征税”，激励企业积极采取环保措施，满足以下条件可减征环境保护税：（1）纳税人排放应税大气污染物或者水污染物的浓度值低于国家和地方规定的污染物排放标准 30% 的，减按

75% 征收环境保护税；（2）纳税人排放应税大气污染物或者水污染物的浓度值低于国家和地方规定的污染物排放标准 50% 的，减按 50% 征收环境保护税。需要注意的是，应税大气污染物或者水污染物的浓度值，是指以纳税人安装使用的污染物自动监测设备当月自动监测的应税大气污染物浓度值的小时平均值再平均所得数值或者以应税水污染物浓度值的日平均值再平均所得数值，或者监测机构当月监测的应税大气污染物、水污染物浓度值的平均值；应税大气污染物浓度值的小时平均值或者应税水污染物浓度值的日平均值，以及监测机构当月每次监测的应税大气污染物、水污染物的浓度值，均不得超过国家和地方规定的污染物排放标准；应当对每一排放口排放的不同应税污染物分别计算；且持有排污许可证的纳税人，其当月排放的应税大气污染物、水污染物总量不得超过排污许可证的排放限值。

此外，以下情形暂予免征环境保护税，包括：（1）农业生产（不包括规模化养殖）排放应税污染物的；（2）机动车、铁路机车、非道路移动机械、船舶和航空器等流动污染源排放应税污染物的；（3）依法设立的城乡污水集中处理、生活垃圾集中处理场所排放相应应税污染物，不超过国家和地方规定的排放标准的；（4）纳税人综合利用的固体废物，符合国家和地方环境保护标准的；（5）国务院批准免税的其他情形。前款第五项免税规定，由国务院报全国人民代表大会常务委员会备案。

## 第五节　税收管理

### 一、税权划分

由于环境保护税的征管模式与现行税种存在不同，在“环保核定、税务征管”的税收征管模式下，环境保护税的开征将涉及更多的利益主体。要使其符合税收法定原则，需要在税收程序法和实体法中予以体现。税收征管法方面：首先，明确《税收征管法》《税收征管法实施细则》适用于环境保护税。其次，对环保部门、税务部门在环境保护税征管中的权力（包括征税权、处罚权）与义务应以法律的形式固定下来，保证税务机关与环保部门的密切配合。最后，规定纳税人负有提供或保管排污监测数据的法律义务，并明确规定对故意破坏环境监测设备及篡改监测数据的行为应承担相应的法律责任。税收实体法方面，近期可由全国人大授权国务院制定《环境保护税暂行条例》，远期可由全国人大立法的形式颁布《环境保护税法》，确立其法律地位[98]。

环境保护税因其特殊性质，在确定纳税人排污量上的技术性要求高。为了有效保障环境保护税的征收管理，在立法中明确实行“企业申报、税务征收、环保协同、信息共享”的征管模式。税务部门与环保部门在税务登记管理、计税依据确定、纳税申报信息比对、优惠管理等方面进行协调配合，环保部门依法监测管理企业排污，与税务机关定期交换纳税资料，充分发挥两个部门的各自优势。同时，对重点监控（排污）纳税人和非重点监控（排污）纳税人进行分类管理，将大排放源与众多的小排放源分别管理，这有助于提高环境保护税征管效率。

## 二、纳税地点

纳税地点遵循属地原则，纳税人应当向应税污染物排放地的税务机关申报缴纳环境保护税。《环境保护税法》第十七条所称应税污染物排放地是指：（1）应税大气污染物、水污染物排放口所在地；（2）应税固体废物产生地；（3）应税噪声产生地。纳税人的应税大气污染物和水污染物排放口与生产经营地处于不同省级行政区的，由生产经营地税务机关管辖。税务机构对纳税人跨区域排放污染物的税收管辖有争议的，由争议各方依照有利于征收管理的原则逐级协商解决；不能协商一致的，报请共同的上级税务机关裁定。

## 三、纳税流程

环境保护税的纳税流程如图 5-4 所示。首先，纳税人自行申报缴纳税款，然后由环保部门与税务机关进行涉税信息共享，再次税务机关将纳税申报数据与环保相关数据进行比对，如有异常数据交送环保部门复核，最后税务机关依据复核意见调整征税。

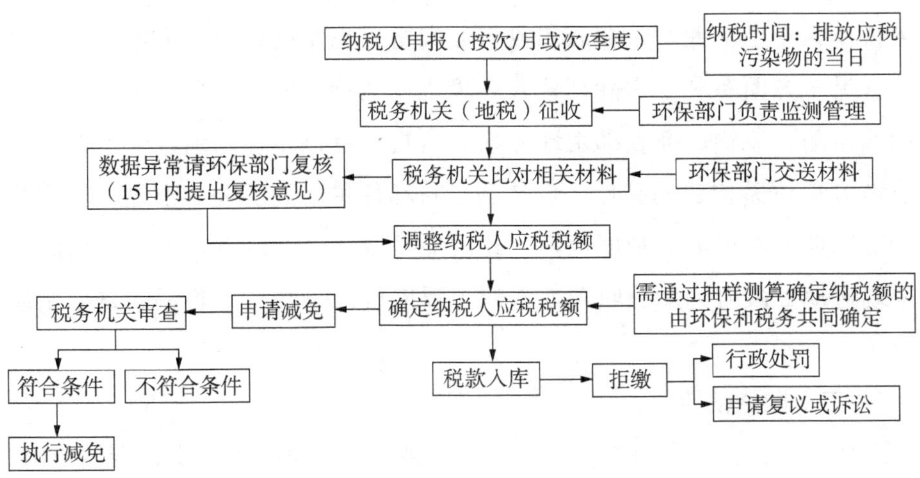


图 5-4　环境保护税纳税流程图

## 四、税收收入管理

### （一）税收类型

环境税税收收入的归属（国税还是地税）涉及我国的分税制体制。1994 年的分税制改革在我国各级政府之间明确划分了事权及支出范围，在此基础上按照事权和分税制财权相统一的原则，结合税种的特性，划分出中央与地方的税收收入。从保护环境的目的分析，当前的环境污染大多有地域性特征，治理环境污染也是各地方政府的责任，为实现事权与财权的统一，环境保护税收入归属于地方政府以作为保护环境的财源[99]。此外，为促进各地保护和改善环境、增加环境保护投入，《环境保护税法》规定环境保护税隶属于国家税务总局财产行为税司研究并管理的税种，属于地方税务局管理的税种，中央不再参与环境保护税收分成，环境保护税收入将全部归入地方财政。这样划分一方面健全了地方税收体系。随着2016年营业税改增值税全面推开，营业税不再是地方政府的主体税种，近日中央经济工作会议首次提出，2017年要加快制订中央和地方收入划分总体方案，抓紧提出健全地方税收体系方案。环境税作为一个新税种，背后的收入分配格局也是构建以上方案的内容之一。另一方面有利于实际征管。环境税属地特征明显，日常企业排放指标的监测、监管、征收都由地方政府负责，将该税种归地方管理既是当前地方税体系构建的必然，也是为了将环境税落到实处。不过环境税收全部归地方，也需要制度保障。此次环境税立法通过设定上限的措施正是规避地方政府为增加收入而大幅上浮应税污染物适用税额的重要制度设计之一。

### （二）收入使用

环境保护税是具有专门性目的的税种，其税收收入应实行专款专用，全部用于环境保护。因为环境保护税收入专门用于环境保护活动，能补偿那些受到环境污染负外部性影响的人们，在理论上具有合理性，尤其是在环保资金不足的现实下，专款专用更有利于改善环境。

专款专用在实际操作上就是税收收入由环保行政机关专用，但是环保行政机关并不能独自解决环境保护问题，这需要很多部门的通力合作。同时，税款专用还会造成支出增加、效率低下以及寻租问题等出现，从而易背离环境税设计的初衷。正是基于这种顾虑，国际上现有经验提示，OECD成员国在将环境税专款专用的同时，设立国家级综合环境基金，以规范环境税收入的使用。国家级综合环境基金可以划分为国家环境基金和地方环境基金两部分，国家环境基金主要在国家级环保项目中发挥作用；地方环境基金则主要支持区域性生态环境建设。借鉴发达国家的经验，我国在开征环境保护税的同时，也可以考虑设立综合环境基金，确保税收收入的使用效率[99]。

# 第六章　环境保护税完善建议

现行的《环境保护税法》为了减少实施阻力，几乎是由排污费平移而来，在税收设计和征收方面都有待完善。环境保护税是一个动态发展的制度，当问题逐渐凸显，其必然面临着调整的压力，因此本章从税收设计和征收管理两个方面分别分析存在的问题和提出相应的政策建议。

## 第一节　存在的问题

### 一、税收设计

#### （一）纳税人覆盖不全

所有污染排放主体都是公共环境的使用者，在理论上均应在统一标准下归类划分成为环境保护税纳税人，承担相当于公共环境财产权使用对价的环境保护税负，即量能课税[102]。我国环境保护税法规定在中华人民共和国领域和中华人民共和国管辖的其他海域，直接向环境排放应税污染物的企业事业单位和其他生产经营者为环境保护税的纳税人。但现实生活中，对环境造成污染与破坏的主体，不能仅限于企事业单位及其他生产经营者，普通居民也会存在对环境造成污染的行为，且污染现象也十分严重。而我国环境保护税法并没有规定其成为纳税人，这就在一定程度上缩小了环境保护税纳税人的范围，不利于环境保护税法的实施[103]。

考虑到农民负担能力弱和污染情况复杂等原因，环境保护税规定了暂予免征农业环保税，但现实中农业生产经营对环境的污染不容忽视。2017年11月28日，环境保护部约谈黑龙江省农委和哈尔滨、佳木斯、双鸭山、鹤岗四市政府主要负责人。因为该地区秸秆焚烧导致持续出现重度以上污染天气，严重的雾霾天气已经影响到了人们的生产和生活。导致空气质量指数报表（AQI）爆表的主要原因是大面积的秸秆焚烧。各地存在虚报秸秆综合利用率的情况，大多数农民前脚被执法警告，后脚就点火燃烧。此外农业生产中大量使用化肥农药等化学物质，通过农田排水系统、地下渗漏和地表径流进入河流，造成生物多样性不断减少，水体面源污染严重。农药包装废弃物、废弃农膜回收低等污染现象更是屡见不鲜。因此，虽然"暂予免征"的规定给后期增加相关立法留出了空间，但就目前的现状而言，暂予免征农业生产中的环境保护税的规定也有待商榷[104]。

现行《环境保护税法》除了延续环境保护费相关标准外，对禽畜养殖业的环境税负标准规定为存栏规模大于50头牛、500头猪、5 000羽鸡鸭等的养殖场，而对小型企业只规定了污染当量值，暂无相应计税标准。此外，对于病床大于20张的医疗机构才依《环境保护税法》当量值课征，言外之意，小于20张病床者将不适用《环境保护税法》计税标准规制。在现实生活中，小于20张病床的医疗机构数量大、分布广，是农村环境重要的污染源。由于我国乡镇企业种类繁多，除规定的牛、猪、鸡鸭养殖业外，还存在其他物种的养殖，因此，《环境保护税法》现行计税标准会导致纳税人法律地位的不平等[105]。

### （二）课税对象较窄

在我国目前的环境保护法律制度框架下，环境保护税的征收遵循正向列举原则，不列举暂不征收。环境保护税法规定的应税污染物仅限于大气污染物、水污染物、固体废物和噪声四类，对于流动污染物、挥发性有机物等也会对环境造成污染与破坏的物质并没有纳入环境保护税的纳税范围。但是诸如流动污染物等对环境造成的污染也是不可忽视的。近年来我国机动车、火车的保有量逐渐增加，但是环境保护税法却规定机动车、火车等在行驶过程中产生的流动污染源属于暂免征收环境保护税的范围。众所周知，车辆在行驶过程中产生的尾气在我国大气污染物中占有较高的比重，造成的大气污染也较为严重。因此，环境保护税法目前采用详细列举的方式就会导致环境保护税的征收范围具有局限性，对于其他对环境产生污染破坏的行为规定过于宽松，甚至会在一定程度上造成社会不公平感，不利于环境保护税收政策在我国的具体实施[103]。将二氧化碳、污染型产品、挥发性有机物、建筑噪声等对环境质量影响很大的污染源排除在征税范围外，削弱了环保税调控相关方环境行为的作用。从长远来看，为应对温室效应、缓解全球变暖趋势，应当将二氧化碳纳入环保税征税范围。就建筑噪声而言，原有的排污费将建筑工地超标噪声纳入征收范围，但环保“费改税”之后却将其排除在外，有悖环保税的“污染者付费”原则[106]。

此外，环境保护税征收仅针对排放污染物的行为，是《排污费征收使用管理条例》的翻版，没有纳入生态建设、自然资源和环境交易领域，如碳税、生态补偿税、自然资源开发税、市场交易税等，范围过窄。目前，对于环境保护税的范围在自然资源界、生态保护界和环境污染防治界的意见还很不统一，加上部门分割，想要达成一致很难。因此，一些人认为这个法律可能终将变成仅为环境保护部门适用的部门性法律。今后，若国土资源部力推《自然资源税法》的制定，国家林业局等部门力推《生态保护税法》的制定，将进一步加剧部门立法的分割性。

### （三）污染物监测难度大

不同于一般的国家税收，环境保护税应纳税额的计算具有很强的专业性和技术性。应税污染物的排放量难以监测，测量污染物污染当量值需要污染源监控设备、污染防治设施以及专业的技术测量人员支持，环境保护税征缴也需要建立涉税信息共享平台及征管协同配合机制。在科技日益进步的社会大环境下，尽管我国的软件及硬件开发、生产都有了明显的进步，但距离覆盖全国运行的目标仍有一定差距。目前我国在税收征管中信息技术手段的运用并不完善，比如建筑噪声，由于建筑施工面积较大、监测困难，在当前不发达的技术条件下很难准确测量其分贝数，因此环境保护税法尚未将建筑噪声列入工业噪声的范围内，对其不征环境保护税[107]。此外，一些使用监控设备的测量人员无法做到专业技术水平完全相当，通过专业监测得出的复核意见也就无法做到毫无差距，可能存在纳税人的纳税申报额与复核后税额不一致，同时纳税人也有可能利用不同地区的科技覆盖差异或现有的技术漏洞来避税或偷税漏税[108]。

由于污染物自身的复杂性和环境保护税的特点，给税收征管工作带来了一定的难度，其中污染物的来源难以界定，比如噪声污染，假如一个企业在生产过程中带来了严重的噪声污染，但是监管过程中又停止了这种行为，对该行为如何界定、获取其超标分贝数据困难较大。以我国目前的税收征管技术来说，对于一些企业隐报或者少报排放量，采用事后稽查手段几乎难以获取可靠证据，税收漏洞层出不穷，使得环境保护税易产生税收风险，造成环境保护税款的损失和流失[107,109]。

### （四）税收优惠政策单一笼统

在税收优惠政策上，《环境保护税法》中除了五个暂予免征的情形，只规定了两个排放浓度值低于 30% 和 50% 标准的，分别减按 75% 和 50% 的标准征收环境保护税。《环境保护税法》中关于税收优惠的形式规定较单一，以减税、免税方式为主，且优惠政策数量有限、优惠力度不足、条文规定较为笼统。

《环境保护税法》第十三条只对排放的污染物低于标准 30%、50% 的情形有具体的减征规定，对于其他排放情况没有具体规定，缺乏相关环保技术标准和强制性规定，这就可能导致环境保护税法在具体执行过程中标准不一，造成社会不公平感，不利于环境保护税法在我国的实施，使环境保护税法实施效果达不到理想状态[103]。比如，《环境保护税法》的第一部分明确规定了征收环境保护税的对象为直接排污者，对间接排污主体，即处理城乡污水与生活垃圾以及固体废物存储达到标准的不需要征收环境保护税，除非未达到标准。但是对于未达到标准的情况，没有规定具体的差别税率。对直接排污者的排放浓度设定的两个标准如果直接被运用到污染物处理企业，显然，对污染物处理企业而言是不合理的。可见，现有的立法对此部分的规定不够细致，这样笼统的规定容易导致在具体的环境保护税征收过程中出现不公平的现象[104]。

## 二、征收管理

### （一）多部门合作难度大

环境保护税的征收采取“企业申报、税务征收、环保协同、信息共享”的征管模式，税务部门主要负责环境保护税的征收管理，传统税务部门却缺乏对监测污染物排放量的技术与手段，因此依赖于环境保护主管部门的监测技术。这样就造成了环境监测主体与征税主体不统一，而环境监测的结果正是征税依据的矛盾。所以环境保护税能够有效征管的重要前提条件要依赖于税务部门与环保部门的协调配合和信息共享。然而，《环境保护税法》对环保部门的职能定位是协作，对其征管职能要求不明确。虽然 2017 年 7 月，环境保护部已经和国家税务总局签署《环境保护税征管协作机制备忘录》，明确了七大类工作任务的职能分工，但在细致层面上还没有进行清楚的界定，例如共享平台如何建设和运行、环保部门应该如何应用好税务部门的数据进行环保执法等[106]。

环境保护税的跨部门协同征管对税务部门和环境保护部门的工作协调

和配合机制提出了很高的要求，也使得两部门之间的联系变得更加紧密。但是税务部门与环境保护部门两个部门之前的协作配合却是空白的。税务机关的任务主要是对环境保护税进行征收，而环境保护部门则主要负责对应税污染物的排放量进行监测，二者之间的跨部门协作从无到有。两个部门虽然都是政府统一领导的，但是各部门之间的工作内容、形式、内部组织等各不相同，可能造成工作重复交叉，相互干扰，导致工作效率低下，增加征收成本。在实际执行过程中，如果环保部门前期传递基础信息较少，任由纳税人自主申报，随意性很大，增加了税务部门的执法风险，后期又难以稽查，可能出现偷漏税现象[110]。而且行政机关的协调配合成本极高，容易出现推诿扯皮现象，严重影响法律政策实施的效益和效率。纵观已征收环保税费的国家，没有一个国家采取税务、环保部门共同征收的模式[111]。

从利益分配角度看，排污费一直由环境保护部门征收且是其主要经费来源，如果改由税务部门征收，一定程度上会损坏环境保护部门的既得利益。因此，在环境保护税的征收管理过程中，税务部门与环境保护部门之间的工作配合和协作存在一定的难度[107]。

从治理的角度看，最大的问题在于环保部门的环境事权与财权将出现分离，环保部门仅承担事权而没有财权，而财政部门则归拢了财权却不承担事权。与此同时，环境事权的现状即分散在不同层级和不同部门之间，这是否会加剧环保事权在执行上的困难？出于部门利益的最大化是否会造成环保事务与环境税务征管上的脱节？这些问题都将有待于进一步的研究和探索[112]。

因此，对于环境保护税的征收管理工作，税务部门与环境保护部门之间的工作配合和协同显得尤为重要，但是在工作协作的过程中也容易出现问题。对于任何部门协作工作而言，都会容易出现“踢皮球”、相互推诿、协作不力等问题，而在环境保护税法及其实施条例的规定中并没有明确税务部门与环境保护部门之间的法律关系及定位问题。这样就会导致如果环境保护税的征收管理出现问题无法准确追究相关责任，使得环境保护税的征收管理缺乏刚性和法律效力[113]。

## （二）对环保复核的要求不清晰

环境保护税的征收取决于环境保护部门的标准制定和监测数据，《环境保护税法》尚未明确环保部门关于排放量的规定能否成为税务机关的判断依据，仅说明了“当税务机关发现纳税人的纳税申报数据资料异常，或者纳税人未按照规定期限办理纳税申报的，可以提请环境保护主管部门进行复核，环境保护主管部门应当自收到税务机关的数据资料之日起15日内向税务机关出具复核意见。税务机关应当按照环境保护主管部门复核的数据资料调整纳税人的应纳税额。”而当税收部门与环保部门发生协管不力的情况时，《环境保护税法》仅说明相关部门和人员要依照《中华人民共和国税收征收管理法》和《中华人民共和国环境保护法》等相关法律追究法律责任，对纳税人的权利如何救济成为了一个值得讨论的问题，制订一个合理有效的补救机制显得尤为重要[114]。

其中，数据异常主要有两种情况：一是纳税人当期申报的应税污染物排放量与上一年同期相比明显偏低，且无正当理由；二是纳税人单位产品污染物排放量与同类型纳税人相比明显偏低，且无正当理由。但该规定不够具体，如何界定“明显”的范围，何为“正当理由”以及复核通知书里具体载明哪些事项，这些都需进一步明确[106]。

## （三）对税收收入的使用不明确

对环境税的使用分为两种方式，一种是税收专款专用，另一种是纳入一般预算管理。从各国实践来看，环境费的使用也存在这两种方式，强制力度却有所差异。国外政府对于环境税的收入大多实行专款专用，将税收用于环境保护或补充养老保险基金等项目[114]。《环境保护税法》的最大功能在于治理和保护生态环境，而这一过程需要巨额的财政支持。

现行《环境保护税法》并未对其税费使用情况作明文规定，容易造成环境保护税与资源税、消费税等税收收入使用途径混淆，税收收入被大部分用于环境保护税征管部门的事业经费与发展基金，真正用于环境保护和治理的资金数额有限，对《环境保护税法》立法目的的实现不利[105]。如在一般预算管理中加大对环境保护污染治理的力度，将环境保护支出列入单项预算进行管理或者指定该项资金的用途，可能会引起其他部门的不满，所以该制度的实行也会存在一定的困难，可能受到来自其他部门的阻碍[114]。

对于地方政府来说，“费改税”前，征收的排污费是专款专用，即全部用于环境保护。一些欠发达地区财政压力大，环保投入不足，则将环保能力建设和部分人力开支以项目的形式纳入排污收费资金使用条目，部分欠发达地区更是有一半的工作经费来源于排污费。排污费收入对基层环保投入保障非常重要，在“费改税”之后，税收收入将纳入一般财政预算，这对地方的环保投入保障也是一个挑战[106]。

### （四）与其他制度衔接性差

环境保护税和排污权有偿使用费都是针对排污企业的排污行为征收的费用。对于排污权有偿使用费，学者们普遍认为，是一个“权利费”（即通过交纳排污费获得排污的权利）；环境保护税，是按照“环境补偿”的原则对排污行为实际征收的费用。前者作为一个权利可以交易，一般来说，应当是永恒的，但是按照财政部等部委出台的文件，这个权限时效只有“三到五年”，所以又不像是一个资格性的权利。在此情况下，环境保护税和排污权有偿使用费双重征收很难获得产业界的支持。因此，协调环境保护税和排污权有偿使用费关系成为亟待解决的问题，但是学界和产业界对于如何处理环境保护税和排污权有偿使用费的关系的争议仍然很大，尚无定论。

## 第二节　政策建议

### 一、税收设计

#### （一）扩大纳税人范围

从环境保护税收法律制度的建设角度看，环境保护税法的制度设计应当与其他不同功能和性质的环境相关税种配合，将不包含在其他与环境保护有关的税种中的但在生产、使用环节会造成污染的情况纳入征税范围，构建覆盖全面的污染控制和生态破坏行为的环境保护税收法律体系，从而更有效地促进我国生态文明社会的发展进程。确定环境保护税的纳税人范围不能仅仅依照“污染者付费”原则，“谁受益谁缴税”也应该是确定纳税人主体的依据。即以存在污染破坏生态环境的行为且该行为具备环境侵权的实质要件为原则，不仅对有环境污染破坏行为的人需要为其污染行为付出经济学意义上的相应对价，且凡是在我国境内所有依赖于生态环境所带来的价值或者能够从生态环境中收获利益的相关主体均应成为环境保护税法规定的纳税主体[103]。

具体来说，环境保护税法的纳税主体应由以下三类组成：第一类纳税范围所包含的纳税主体是“污染者”和“开采者”。“污染者”是指在市场经济贸易交往过程中与生态环境污染有关联的生产者或消费者；“开采者”是指在市场经济贸易交往过程中与自然资源的开采、销售有关联的开采者，而这一类纳税主体就是环境保护税法直接作用的主要对象。第二类纳税范围所包含的纳税主体是“生产者”和“消费者”。“生产者”包括生产潜在污染性产品、生产行为产生可能会造成污染的产品或以自然资源为原料而进行产品生产的生产者；“消费者”指的是购买和使用产生污染的产品或购买和使用可能会产生污染产品的消费者；第三类纳税范围所包含的纳税主体是“受益者”，指的是政府基于一定社会成本而致力于生态环境的保护，其中能够享受良好的生态环境和获得生态系统利益的对象均为“受益者”[103]。因此，面向居民个人课征环境保护税是合理的，因为居民在生产生活中必将会产生废水、固体废弃物等对环境产生污染与破坏的物质。

## （二）增加课税对象

对于征税范围，应当按照“宽税基、广覆盖”的原则将一般的有损环境的产品和行为尽量纳入征税范围。虽然我国环境保护税法仍处于起步阶段，征税范围应该具有针对性，采用循序渐进的方式，并根据我国目前最主要的环境污染问题和环境保护的目标，从污染最为严重、最便于征管的征税对象着手进行。但结合我国当前环境污染的具体情况以及世界其他国家关于环境保护税的征收范围来看，我们应该对环境保护税法实施初期规定的四类课税对象的基础上逐渐将其他污染物纳入征收范围。例如，我国目前开征的资源税是对在我国境内从事应税矿产品开采和盐业生产的单位及个人课征的一种税，但这也属于对自然资源进行利用而征税的范畴，并不属于对自然资源进行生产和使用等过程中对环境破坏进行的征税。因为许多资源在生产、加工等环节都会对环境产生污染，对环境造成一定的危害，但针对这种情况，目前仍没有具体的税种对其进行治理，而仅依靠目前的相关税费征收项目是远远不够的，所以我们应针对这一现象进一步明确在生产和使用过程中对环境产生污染与破坏的情况，应该由环境保护税法进行调节。诸如此类现象在我国还是比较多的，因此我国应在现有的环境保护税法规定的课征对象基础上，扩大环境保护税的课税对象，以完善我国的环境保护税收法律制度[103]。

结合国际先进经验以及我国的实际情况来看，因我国空气污染较为严重，雾霾、酸雨等现象时有发生，这与工业废气、汽车尾气的排放密切相关。针对这种现象，我国应增加与空气污染显著相关的其他污染物的排放进行征税。对于流动污染源进行尾气排放指数检测，采用更积极的手段控制废气的排放，或者将流动污染物的暂予免征规定排除，亦或增加对其进行环境保护税的征收规定。流动污染物是造成我国雾霾问题的重要原因，目前已有部分国家对其进行征税，如瑞士、列支敦士登公国和斯洛文尼亚共和国等国，并已取得显著成效[97]。对挥发性有机物、建筑噪声、污染性产品、生态损害行为等也应考虑尽快开展研究，为环保税二次改革做好计划技术储备。待将来条件成熟，逐步扩大征收范围，构建完善的环保税税务制度[106]。

### （三）完善污染物监测技术与政策

污染物监测对人员、设备要求等要求较高，我们可以通过完善提高检测技术、推进第三方市场服务和增加从量计征方式三方面去改善。

从纳税人自行申报的角度来看，虽然纳税人自行申报会使申报数据的真实性和可靠性难以被确定，但我们可以从两方面进行改进。一方面，加强现代化征管及监测技术的使用，建立完善、科学的征管信息共享网络并有效监测环境污染指数，逐步开展构建监测数据共享平台建设，明确数据造假行为的法律责任。共享平台的建立有利于税务机关掌握税源信息，及时查找纳税人瞒报、谎报及偷税漏税等不良行为，也便于环保部门的实现对污染源的全面监控。另一方面，加强惩罚力度。对于发现的纳税人瞒报、谎报及偷税漏税等不良行为，除应缴纳的环境保护税外，还应对瞒报、谎报部分进行加倍征收或是采用行政处罚甚至是刑事处罚等手段进行惩治，严格规范环境保护税法的征管系统[103]。

环保税申报过程涉及企业的生产、原材料的消耗、污染物的排放和监测等，专业性比较强，目前是纳税人自主核算和申报，容易产生遗漏现象。对此应当制定政策鼓励和推进第三方市场机构承接环保税的监测服务、排放量计算以及其他纳税征管服务，通过市场化机制提高监测效率及准度，解决测算不准引起申报困难等问题。同时加强对固废的研究，统一固废的产排污系数、监测技术、责任界定等，明确相关概念，必要时出台相应准则明确标准及惩罚措施以强化执行力度，降低遗税漏税的可能性。

《环境保护税法》所规定的四类污染物在计算应纳税数额时采用从量定额计征的方法，由各种污染物的排放数量或者污染当量数乘以适用税额。但从量计征难以确定污染物排放数量，这就需要我们采用更为合理的计征方法。从价计征只需要按照能源资源中间产品消耗中产生的污染数量进行换算，用“能源资源中间产品的价值 × 适用税率”即可，不需要对污染物的排放数量进行监测，避免了核定污染物排放量带来的技术难度，从而降低了环境保护税的征收成本。此外，采用从量计征的方法无法对较难监测的污染物排放进行计算，因此当前对污染物排放量采用的从量计征方式可以作为一种过渡方式，随着环境保护税收制度的发展逐渐过渡到从价计征[103]。

### （四）建立科学的税收优惠措施

环境保护税的开征必然会带来纳税人税收成本的增加，在利益导向作用下环境保护税法的推行将受到一定的阻力。为了保障环境保护税法在我国的顺利实施，我国也应坚持税收中性政策，通过税收优惠政策实现。与税收限制作为一种事后惩罚带有消极性和被动性相比，税收优惠政策则是事前鼓励，具有积极性和主动性。通过减免、补贴、补助和返还等优惠措施来减轻纳税人负担，增强纳税人自主治污减排的能力，促进环境的保护与改善[103]。

除了可在污染浓度值方面设立环境保护税的优惠措施，各级政府也可对主动采取环保设备或技术并且排放污染物符合国家或政府规定标准的企事业单位和其他生产经营者提供优惠政策，以此激励其减少环境污染。完善农业环保税退税措施也是解决当下不征收农业环境保护税阻碍的有效方法[104]。对农业源、机动车等污染源，根据其污染行为或生产者改进技术减少污染物排放情况，给予环保税减免或者财政补助，鼓励企业积极研发环境保护技术，对控制污染的新技术和生产污染替代品给予税收优惠。对响应国家号召进行自然资源再循环利用的企业以及绿色产品生产企业，可对其实施财政补助，鼓励这些企业加大在环保设施方面的投资力度。对于购买环保设备、使用清洁能源等方面的企业给予财政补贴、税收返还等优惠政策，降低企业的环保成本，激励企业主动参与环境保护工作[115]。税收返还一般有直接返还给纳税人和返还到相关领域中两种做法。前者是直接将税款退还给纳税人用于治理污染或保障社会福利，后者指将部分来自环境保护税的税款返还到对污染物的管理和治理领域。

面对不同类型企业的污染情况，应划分企业环境保护的税收优惠档次，使各个优惠区间的标准明确，保证实施过程中执法有据。在具体税收优惠制度中还可同时针对不同生产类型的企业设立执行标准，如农业、养殖业、化工业、服务业、金属产业等，不同生产类型企业的污染情况必然存在差距，此时切忌“一刀切”，应做出合理的优惠区分，从实际出发，降低社会经济收支冲突的风险。税务部门也可以设定环保税免税期限和暂缓征收的优惠政策，对排污企业进行激励[108]。此外，还可以综合运用直接税收优惠、加速折旧待遇、环保产业研发的税收优惠政策、投资税收抵免等方式，鼓励企业减少排污和技术创新，平衡经济效益和环保效益的关系[116]。

## 二、征收管理

### （一）明确不同部门的职责

环境问题既包括地区性问题，也包括跨区域、全国性的问题，甚至还有国际性的问题。因此，有必要从中央与地方两个层次上进行设计。从中央角度看，应制定各地环境条件的评价规则，对于不同环境状况应分别设置的差别税率，将国内跨区域环境问题的治理纳入中央的管理范围，对于涉及国际合作的问题，采取多种多样的共同措施。从地方角度看，环境保护税专业性强，对其征收管理较为复杂，强调各部门的协同分工，这就更需要明确各部门分工，防止相互推诿责任的情况出现，确定各个部门的权利及义务内容，建立协作机制，并对于违反规定或未尽到义务的部门及人员做出相应的惩罚[113]。此外，对立法规范的设计还要加强部门联动，提高环境保护税收制度的实施效率。如何科学设计《环境保护税法》，让各方共享生态文明体制改革的红利，应该在该法中建立健全相应的配套制度，如环保部门、税收部门以及其他相关部门如何有序衔接，克服地方保护和部门分割主义，通过联动机制加强征缴监管等问题，及时调整税率等，都值得深入探讨。本书可以从以下三方面着手：

（1）明确部门分工。目前，我国环境监测技术尚未全面覆盖，环境保护税的征管权限及责任划分还需完善的征管细则进一步规范[108]。（2）加强专业人才培养。环境保护税既涉及环境保护方面的技术性，又涉及税款征收方面实务性。要加强培养既懂环保监测又对税务了解的全方位的人才，增强实战经验。（3）构建问责机制。两个部门协同完成环境保护税征收工作，极有可能发生推诿扯皮情况，这就要求构建相应的问责机制，明确各部门的职责分工，实现各司其职，充分发挥各部门的优势，依规定按时完成任务并尊重双方意见建议，建立统一的考核机制，防止部门之间协同和配合不足的现象。地方政府环境监管体系应引入群众监督举报机制，充分发挥群众的监督功能，与地方政府部门之间形成互动、相互补充，有助于做到信息公开、监督透明、管理到位[105]。

纵观《环境保护税征管协作机制备忘录》中的七大类工作任务的职能分工，目前环保部门已经完成了如发布环境保护税征管技术规范，设计环保税纳税申报表等表证单书，共同组织开展税法宣传、业务培训和纳税辅导等前期工作，还有一些如开发建设税收征管系统和涉税信息共享平台等正在开展中。应加快开展跟踪调查评估及相关研究，及时制定和发布相关配套办法，明确细化完善环保部门的职责，强化环保部门与税务部门的协调和征管配合[106]。

## （二）界定“异常”的标准

一些基层征管部门对“异常”的认识不一致，理解存在偏差。“异常”不会是常态，送交环保部门复核的，肯定是少数，否则税收征管难免陷入混乱。提请复核，需要税务机关首先识别出“异常”。而识别“异常”，不仅需要较强的专业知识，更重要的是制定明确的标准，界定何为“异常”。目前亟须制定出更为细致的规范，明确“异常”的具体界限以及对于“异常”的处理办法。例如明确“异常”情况是按纳税人的申报数据先预征税款，还是待提请环保部门复核后，再根据环保部门的复核数据进行征税等细则。当这种情况发生时，为了明确两机关各自的职能分工，协调部门之间的协作，强调环保部门的监管职能，应该将环保部门提交的数据作为计税法定依据，以保证环保部门数据材料的权威性和职能的充分发挥[114]。

如果结合行政法的相关理论，纳税人不仅可以向两者的共同上级机关提起行政复议，还可以直接向法院提起行政诉讼。但这只是一种行政救济方式，对问题的解决趋于表象，并不能究其根源。要想促成问题的根本解决，还要建立一个与环境税法相适应的专门的救济机制，如直接在环境税法中规定由于两者执法不力所应承担的法律责任、应尽的赔偿、补偿义务或者直接建立一个监督机构进行审查等[114]。

此外，环保部门应及时全面地采集到一手监测数据，税务部门应根据环境保护部门的监测数据依法征收管理，依托互联网＋大数据，搭建“金三系统”数据共享模式，建立统一的内部工作平台和信息公开外部平台，实现数据共享[110]。

## （三）建立专款专用制度

环境保护税法制定时宜将环境保护确定为首位立法目的，财政收入为次位立法目的，同时辅之以对纳税人的权利保护为底线立法目的，而非单维度聚焦环境保护。唯有如此，方可制定出契合环境税理，植根中国国情的环境税法[117]。因此，环境保护税的收入应采取目前国际上相对完善的管理模式，即在实施初期将环境税收入全部作为环保的专项资金，实行专款专用制度，等到生态环境得到改善，一切都已经步入正轨后再将其收入划归到一般预算。同时，应建立环境保护税收审计制度，严格审批程序，确保专款专用，强化对地方政府环境保护税收入支配权的监管[105]。

通过规定环境税款专门用于污染情况的治理、地区污染的防护与改善、高新环保技术的研发等，增加环保专项资金的投入，使环境保护税与环境保护支出紧密联系，分配更透明。同时可以作为企业减少排污后的税收返还，用于资助企业开展环保工程及清洁生产计划，体现税收中性[118]。

### （四）加强与其他政策的配合

现阶段，要根据我国国情，将环境保护税已有的税种与环境保护相关的税费进行整合，对涉及环境保护税的税种进行梳理和改革，把一些涉及环境保护税种的项目纳入环境保护税体系。要优化鼓励与环境保护相关财税优惠政策，形成一个环境保护税收体系，包括独立的环境税、复杂的环境税和对环境保护的优惠财政和税收优惠相关政策[104]。应对破坏环境的行为的征税，应侧重于直接税为主，辅以对产品的征税，注重环境税与其他环境激励措施的协调性以及税率的调节作用。《环境保护税法》作为专门性环境保护法律，应当是环境保护税领域的综合性法律。首先，它应当构建一个实践性的环境保护税法体系和框架，形成自己的理论。其次，它需要配套法律法规的协同作用。再次，《环境保护税法》在后续的完善过程中要理顺各种税费的关系，只要达到了环境保护的效果，就要果断减少征收费用和税收，以减轻企业的负担。

在税收制度的设计中，同一纳税人可能被不同税法所涵盖，规范职能存在交叉重复不可避免。但税收管理体系的建设不在于重复征税，而是全面调控，所以，同一纳税人不能由不同税法重复对同一税目课税。此外，明确征管机构职能，实现税务统一管理、分别征收。税收课征目的不同，也就决定了其征税主体角色之不同，税务统一有利于纳税人便捷申报，而分别征收更是简单明了、便民高效，还能预防税务部门的腐败滋生。最后，应逐步完善《环境保护税法》特有功能，将其他税法中有关环境保护的内容合并吸收到《环境保护税法》之中[105]。

### （五）完善环境保护税辅助机制

环境保护税征收的辅助性机制一般是指对环境保护税的有效征管有着一定辅助或促进作用的制度或机制。其中包括专业人员的辅助机制、引导企业积极纳税、加大环境保护税的宣传力度。

环境保护税的专业性要求其必须要配套完善的辅助机制。展开征收工作需要训练一支专业队伍，对税务人员与环保人员的交叉培训有助于解决协同征管过程中的一些难题。针对不同企业采取不同策略，比如OECD 的专家综合各国税收实践经验，提出了税收遵从管理模型（BISEP模型），对不同的纳税人采取不同的策略[119]。首先，树立服务意识，建立以纳税人为中心的新型征管关系，落实环境保护税优惠政策，完善咨询服务系统[120]。其次，将环境保护税的纳税人纳入诚信系统，实行“红名单”“黑名单”管理，树立依法纳税光荣的理念[110]。税务部门和环保部门可以选取一些在节能减排、清洁生产环节表现优异的企业作为模范企业，对他们进行表彰，引导其他企业学习模范企业清洁生产的经验[115]。要加大对企业的培训辅导力度，通过纳税人学堂、办税服务厅、网络媒体、电台、专访等形式让纳税人知晓政策。政府部门应推行一系列鼓励全民参与的环境保护税政策，不断提高民众的环保意识[110]。

# 参考文献

[1] 马歇尔 . 经济学原理［M］. 北京：商务印书馆，2011.

[2] 阿瑟 · 塞西尔 · 庇古 . 福利经济学［M］. 金镝，译 . 北京：华夏出版社，2013.

[3] BAUMOL W J，OATES W E. The Use of Standards and Prices for Protection of the Environment［J］. Swedish Journal of Economics，1971，73（1）：42-54.

[4] BURROWS P. The economic theory of pollution control［M］.Martin Robertson Oxford，1979.

[5] 李文浩，卢贤光 . 开征环境保护税的可行性研究［J］. 财经理论与实践，1998（5）：57-59.

[6] 张钰羚 . 国外环境税发展实践及对我国的启示［J］. 世界环境，2016（1）：87.

[7] 樊慧霞 . 对我国可持续发展战略下“税制绿化”的构想［J］. 经济论坛，2008（8）：93-95.

[8] 李传轩 . 中国环境税法律制度之构建研究［M］. 法律出版社，2011.

[9] OECD. Environmental Taxes and Green Tax Reform［R］. 1997：23.

[10] 高萍 . 丹麦“绿色税收”探析［J］. 税务研究，2005（4）：91-94.

[11] 经济合作与发展组织 . 环境税的实施战略［M］. 张世秋，译 . 北京：

中国环境科学出版社，1996.
[12] 龚辉文. 资源和环境税：税收家庭的重要成员 ——OECD 国家、部分其他国家资源和环境税发展趋势［N］. 中国财经报，2015（006）.
[13] 储敏伟，孙敏. 德国税制［M］. 北京：中国财政经济出版社，2004.
[14] OECD. Environmentally related taxes：Issues and strategies［R］. 2001.
[15] 傅京燕. OECD 国家的绿色税制改革及其启示［J］. 生态经济，2005（5）：46-49.
[16] 黄润源，李传轩. 国外环境税法律制度的发展实践及对我国的启示［J］. 改革与战略，2008，24（12）：200-203.
[17] 万芳. 我国排污收费制度存在的问题及解决途径研究［J］. 经济视角，2015（3）：47-48.
[18] 刘倩雯. 浅论我国环境法的排污收费制度［J］. 东方企业文化，2014（14）.
[19] 陈红. 我国排污收费制度的现状与完善研究［J］. 法制博览，2015（10）.
[20] 牛一岚. 我国现行排污收费制度研究［J］. 法制与经济，2016（7）.
[21] 于希. 我国现行排污收费制度的存在问题及对策研究［D］. 西安：西北大学，2012.
[22] 李优树. 我国现行排污收费制度存在的问题［J］. 价格月刊，1999（6）：18-19.
[23] 华树鹏. 试论我国建立环境保护税的可行性［J］. 吉林省经济管理干部学院学报，2004，18（6）：18-20.
[24] 秦煜. 我国开征环境保护税的可行性研究［D］. 山东师范大学，2010.
[25] 陈宏樑. 我国开征环境保护税的可行性与征管难点刍议［J］. 中国管理信息化，2016，19（4）：144-144.
[26] ATW-RESEARCH. Manual：Statistics on Environmental Taxes［J］，

1996.
[27] Harper，Christina K. Climate Change and Tax Policy [J]. B.c.intl & Comp.l.rev，2007，30（2）.
[28] 国家统计局 . 中国环境统计年鉴 1996 [R]，1996.
[29] 国家税务局税收科学研究所 . 国际税收辞汇 [M]. 北京：中国财经出版社，1992.
[30] SNAPE J，DE SOUZA W J. Environmental taxation law : policy，contexts and practice [J]. Environmental Taxation Law Policy Contexts & Practice，2006.
[31] 哈丽芳 .《环境税法》名称审视 [J]. 智富时代，2017（6）.
[32] 褚睿刚 . 环境保护税立法目的选择刍议——兼论《环境保护税法》[J]. 中国石油大学学报（社会科学版），2017，33（3）.
[33] 王金南 . 环境税收政策及其实施战略 [M]. 北京：中国环境科学出版社，2006.
[34] 岑慧贤，石旭 . 环境税的分类及浅析 [J]. 中山大学研究生学刊（自然科学 . 医学版），1999，（3）：87-90.
[35] 侯慧慧 . 关于环境保护的税收政策研究 [D]. 山西财经大学，2016.
[36] 俞杰 . 环境税“双重红利”与我国环保税制改革取向 [J]. 宏观经济研究，2013（8）：3-7.
[37] SAMUELSON A P. The Pure Theory of Public Expenditure [J]. The Review of Economics and Statistics，1954，36（4）：387-389.
[38] 周自强 . 公共物品概念的延伸及其政策含义 [J]. 经济学动态，2005（9）：25-28.
[39] 刘春莉 . 浅析公共物品引发环境恶化的经济原因 [J]. 资源节约与环保，2016（6）：222-223.
[40] 过佳佳 . 环境税及我国环境税收体系的构建 [D]. 上海：复旦大学，

2010.
[41] 段伟杰 . 外部性理论探讨 [J] . 经济师，2011（12）：23-24.
[42] 张宏军 . 西方外部性理论研究述评 [J] . 经济问题，2007，330（2）：14-16.
[43] 黄少虎 . 我国环境税征收的现状及对策建议研究 [D] . 上海：上海海关学院，2017.
[44] 李晓灿 . 可持续发展理论概述与其主要流派 [J] . 环境与发展，2018，30（6）：221-222.
[45] 佚名 . 环境影响评价公众参与暂行办法 [J] . 环境保护，2006，（4）：91-94.
[46] 佚名 ."十三五" 环境影响评价改革实施方案 [J] . 中国农药，2016（7）：26-26.
[47] 沈建军 . 环境税理论与实践及在我国的应用 [D] . 西南财经大学，2007.
[48] 中华人民共和国资源税暂行条例 . 2011.
[49] 关于全面推进资源税改革的通知 . 2016.
[50] 吴佳强 . 关于构建绿色环境税体系的研究 [D] . 财政部财政科学研究所，2013.
[51] 卢艳平 . 关于构建我国环境税体系的探讨 [D] . 天津财经大学，2012.
[52] 关于实施成品油价格和税费改革的通知 . 2008.
[53] 贾文婷 . 构建中国环境税法律体系之设想 [J] . 中国环境管理干部学院学报，2011，21（6）：5-8.
[54] 宦淼 . 构建我国环境税体系问题研究 [D] . 苏州大学，2016.
[55] 蒋文晴 . 构建中国特色的环境税体系 [D] . 湖南师范大学，2010.
[56] 中华人民共和国车船税法 [Z] . 2011.
[57] 中华人民共和国车船税法实施条例 [Z]，2011.

[58] 中华人民共和国车辆购置税法［Z］. 2018.

[59] 关于修改《中华人民共和国城镇土地使用税暂行条例》的决定［Z］. 2006.

[60] 曹哲一. 构建适合我国国情的环境税体系的探讨［D］. 天津商业大学，2014.

[61] 黎静. 我国环境税费现状综述［C］. Proceedings of International Conference on Engineering and Business Management（EBM2011），2011.

[62] 中华人民共和国耕地占用税法［Z］. 2018.

[63] 关于修改《中外合作开采陆上石油资源缴纳矿区使用费暂行规定》的通知［Z］. 1995.

[64] 矿产资源补偿费征收管理规定［Z］. 1994.

[65] 关于实行城市生活垃圾处理收费制度促进垃圾处理产业化的通知［Z］. 2002.

[66] 污水处理费征收使用管理办法［Z］. 2014.

[67] 中国发展改革委员会. 中国将推进排污费垃圾处理费污水处理费促节能减排［J］. 中国建材资讯，2007（5）：4-4.

[68] 蔡博. 我国开征环境保护税问题研究［D］. 辽宁大学，2012.

[69] 水资源税改革试点暂行办法［Z］. 2016.

[70] 海热提，王文兴. 生态环境 评价、规划与管理［M］. 北京：中国环境科学出版社，2004.

[71] 叶文虎. 环境管理学［M］. 北京：高等教育出版社，2000.

[72] 王顺祺. 实施 ISO 14001 环境管理体系认证对企业的作用. 国家环保总局杂志.

[73] 王晓婵，郑洪波，张树深. 关于环境管理向生态管理模式转变的探究［J］. 环境保护与循环经济，2008，28（12）：49-52.

[74] 曲格平．中国的环境管理：改革与创新——曲格平在“中欧环境管理创新与可持续发展大会”上的发言［J］．环境经济，2005（B）1：8-12.

[75] 张上勇．环境管理的现状分析与对策［J］．环境科学与技术，2002，25（z1）：63-64.

[76] 许振成，周广飞．主动环保战略构建分析［J］．中国环境管理丛书，2006.

[77] 许振成，王俊能，彭晓春，等．中国环境管理的战略创新［J］．生态环境学报，2009，18（3）：1189-1193.

[78] 刘天齐．中国环境管理的发展历程［J］．重庆环境保护，1987，（6）：18-21.

[79] 韦连喜．我国环境管理发展历程的回顾与反思［J］．河南城建学院学报，1997（3）：20-22.

[80] 叶文虎，万劲波．论环境管理思想与环境科学的协同演进［J］．中国人口·资源与环境，2008，18（1）：6-10.

[81] 宋国君．环境政策分析［M］．北京：化学工业出版社，2008.

[82] 谢钰敏．环境管理手段研究［J］．当代经济管理，2004，26（5）：26-30.

[83] 沈满洪．环境经济手段研究［M］．北京：中国环境科学出版社，2011.

[84] 王金南．中国与 OECD 的环境政策［M］．北京：中国环境科学出版社，1997.

[85] 曲格平．中国的环境与发展［M］．北京：中国环境科学出版社，1992.

[86] 曹东．中国工业污染经济学［M］．北京：中国环境科学出版社，1999.

[87] 陈浩．中国环境管理中经济手段的应用［J］．城市环境与城市生态，2001（1）：12-14.

[88] 贾春香，王婉莹．解读环境保护对企业财务绩效的影响——基于环境管理的调节效应［J］．会计之友，2018，587（11）：95-99.

［89］王学彬．环境管理中经济手段的应用现状及发展建议探讨［J］．智库时代，2018（29）：77，79.

［90］环境保护部环境监察局．中国排污收费制度30年回顾及经验启示［J］．环境保护，2009（20）：15-18.

［91］郭骊．论构建中国特色环境税体系［J］．中央财经大学学报，2008，50（5）：11-16.

［92］周洋．环境税发展历程及文献述评［J］．决策与信息旬刊，2012（4）：188-189.

［93］林烺．税收法定原则下环境保护税的立法设计［J］．地方财政研究，2015（10）：36-41.

［94］王玮．论我国现行排污收费制度［J］．黑龙江环境通报，2000（4）：3-5.

［95］单飞跃，岳红举．环境保护税法的实体原则与程序原则［J］．税务研究，2016（4）：66-71.

［96］黄茂荣．法学方法与现代税法［M］．北京：北京大学出版社，2011.

［97］乔燕君．构建我国环境保护税收制度的研究［J］．中国乡镇企业会计，2013（8）：58-59.

［98］谢夜香，苏明丽．关于我国环境保护费改税的思考［J］．福州大学学报（哲学社会科学版），2014（6）：25-30.

［99］郭朝晖．关于我国环境保护税制设计的思考［J］．地方财政研究，2011（5）：53-57.

［100］张献文，李俊锋，孙华昱．从三方面构建环境保护税制体系［J］．税务研究，2014（10）：96.

［101］施正文，叶莉娜．《环境保护税法（征求意见稿）》若干重要立法问题探讨［J］．环境保护，2015，43（16）：26-30.

［102］何锦前．价值视域下的环境税立法［J］．法学，2016，8：83-91.

[103] 朱奕璇．我国环境保护税法的创新、不足与完善［D］．山东政法学院，2017.

[104] 章君玉．我国环境保护税制度研究［D］．天津：天津工业大学，2018.

[105] 韩功．乡镇企业环境保护税课征法律问题初探［J］．西部学刊，2018.

[106] 董战峰，郭治鑫，龙凤．征管机制不完善、征缴保障弱、环保复核要求不明确 环境保护税征管问题亟待解决［J］．环境经济，2018（15）．

[107] 梁坤．环境保护税征收管理问题研究［D］．安徽财经大学，2018.

[108] 刘苍瑜．我国环境保护税法实施中的问题研究［J］．环境与发展，2018，30（1）：8-9，11.

[109] 于剑，袁笑天．浅谈我国开征环境保护税征收管理方面的问题及建议［J］．价值工程，2017，36（25）：6-8.

[110] 许倍慎，王朝霞．环境保护税实施过程中存在的问题与对策——以驻马店市为例［J］．科技风，2018（34）：132-133.

[111] 贺震．环境保护税立法应解决好三大问题［J］．中国环境监察，2016（10）：17-20.

[112] 李志青．环境税法的几个环境经济政策问题［N］．文汇报，2016-09-24.

[113] 聂秀萍．环境保护税实施问题思考［J］．现代经济信息，2018（4）：170-171.

[114] 潘明月．关于构建我国环境税法律制度研究［J］．法制博览，2017（12）．

[115] 罗申佳．我国环境保护税法实施中的相关问题及对策研究［J］．纳税，2018（39）：29-30.

[116] 彭小雅．对于完善我国绿色税制的思考［J］．经济研究参考，2017（41）：31-33.

[117] 叶金育，褚睿刚 . 环境税立法目的：从形式诉求到实质要义［J］. 法律科学（西北政法大学学报），2017, 35（1）：79-89.

[118] 陈璐 . 浅析我国环境保护税征收管理问题［J］. 纳税，2018（25）：26.

[119] 国家税务总局教材编写组 . 纳税服务（ 高级）［M］. 北京：中国税务出版社，2016.

[120] 张心雅，苏立宁 . 我国环境保护税征管的难点及建议［J］. 中国环境管理干部学院学报，2017, 27（6）：16-18.